「数字」が読めると年収がアップするって本当ですか？

決算書オンチのための「会社の数字」が肌感覚でわかる本

古屋悟司＝著
＋
公認会計士
田中靖浩＝監修＆会計ドクター

日本実業出版社

まえがき

「会計ドクター」こと、田中靖浩《やすひろ》

ごきげんよう、読者諸君。

私は未来から来た「会計ドクター」の田中靖浩です。と言っても「会計ドクター」って何だかわからないよね。君たちの時代には、まだ一般的でない職業だから。

それは会計の知識をもとに、「お金と幸せ」を研究し、アドバイスをする職業だ。

私は２０３０年の未来からやって来た。

残念ながら、景気は低空飛行を続けており、「お金と幸せ」に対する関心は高まる一方だ。それもあって会計ドクターの仕事は忙しい。

最近、タイムスリップを利用した「人生やり直しま専科」という事業をはじめたのだが、そんな私のもとに、「どうか息子を救ってください」と1人のおばあちゃんが飛び込んで来た。

話を聞けば、息子さんが事業に失敗して自己破産し、ホームレスになってしまったらしい。息子さんの名前は古屋悟司《さとし》。なけなしの金を差し出して、涙ながらに「よろしくお願いします」と頭を下げる彼女の姿を見て、「なんとかしましょう」と引き受けることになったしだいだ。いくつになっても親が子を思う気持ちは変わらないものだと、心を打たれた。

今回、不幸からの救出を目指す彼は、自動車販売会社の営業を経て、歩合制の教材会社の営業に転職、のちに花屋を独立開業している。

「勤め人のち社長」と言えばトントン拍子の出世に聞こえるが、自らが社長を務めた会社では社員に去られ、事業がめちゃくちゃになってしまった。

彼はどこから道を間違ってしまったのか？　私はしかるべき過去のタイミングまで戻って、彼に「やり直し」のヒントを授《さず》けようと思う。

ホームレスになってしまったが、彼のその人生を見ると決して悪い人間ではない。また怠惰《たいだ》でもない。むしろ人一倍のがんばり屋と言える人間だ。

ただ、残念ながら彼の「がんばるべき方向」がズレていた。そのズレは少しずつ大きくなって、「努力しても報われない」というイジケや、「俺ってすごいだろう」と傲《ごう》慢《まん》をまき散らすようになってしまった。

もしかしたら読者にも、サラリーマンとして「なぜ報われないのだろう？」と落ち込んでいたり、「給料が少なすぎる」と憤慨していたりする人がいるかもしれない。そんな人に、この物語はきっと参考になると思う。

「雇われている」うちは、会社全体の金の流れがなかなか見えない。サラリーマンは給料以外にもたくさんの報酬をもらっているのだが、そのことに気づかない。

彼のように社長になった人間は、立場が変わったとたん、「雇う側の負担」の重さに愕然《がくぜん》とすることになる。それで従業員につらく当たってしまう。

このすれ違いを防ぐためには「雇われる&雇う」両者が会社の数字を学びつつ、よりよきチームワークについて考えねばならない。

本書をヒントにしてもらえば、読者も「収入と幸せ」の両方をアップさせることができるだろう。そうなれば会計ドクターとしてもうれしいかぎりだ。

おっと、こんなところで長話をしているヒマはない。そろそろ彼を救いに出かけねば。

では、読者諸君、また会おう。

主な登場人物紹介

過去の僕（古屋悟司）

大手自動車メーカーの販売会社の営業マン、歩合制の教材販売の営業マンを経て、花屋を開業して独立。

現在の僕（古屋悟司）

花屋「ゲキハナ」を経営。会社はどんどん成長しているが、お金が残らない状態が続いている。社員ともうまくいっておらず、そんななか……。

会計ドクター（田中靖浩）

「お金と幸せ」について研究する「会計ドクター」として、タイムスリップを利用した「人生やり直しま専科」という事業を運営。

加藤社長

大手自動車メーカーの販売会社・豊丸自動車西東京の社長。多摩地域に10か所ある営業所のトップ。

黒木先輩

豊丸自動車西東京・多摩営業所のトップセールスマン。後輩思いで、熱いがクールな一面も。思い違いが多い。

西村社長

歩合制の教材販売会社・教科書100点センターの社長。オネェ言葉が特徴。

デキる社員

「過去の僕」の花屋で働いている、入社１年目にもかかわらず、社内で一番実績を出している社員。

目次

まえがき　「会計ドクター」こと、田中靖浩……2
主な登場人物紹介……6

第1章　営業成績がトップになっても、なんで給料が上がらないんですか？

給料払ってんだから、もっと仕事しろよ……14
研修中も給料をもらえるなんてラッキー！……21
初任給をもらったけれど、いろいろ引かれて手元に残ったのは……30
値引きをしたら、いきなり売れました……34
商品の原価を知ってびっくり！……41
待ちに待った「ボーナス」だけど、思っていた額と違う……46
営業成績はトップなのに、なんで給料が上がらないんですか？……50
給料が安いので、辞めることにしました……56

第2章 売れば売るほど給料がもらえるなんて最高です！

偶然見つけた社員募集のチラシ……64
「歩合制」って最高！……68
がんばっても売れません　～会社のブランド力にはお金がかかっている～……76
何度目かのアポイントではじめての契約　～会社は社員に先行投資をしている～……82
もっと給料を上げてもらうには、どうすればいいんですか？……89
会社に貢献したら、出世しました……96
「僕の稼ぎでみんなを養っているんだ」という錯覚
～損益分岐点売上を超えないと会社にお金は残らない～……100
決算書で「ここだけは見ておくべきところ」……106
まさか自宅が火事で全焼するとは……112

第3章 落ちるところまで落ちたら、見えてくること

お金がないので借金をしました …… 120
給料は安くても安定している会社 vs 稼げば稼ぐほど給料が上がる会社 …… 124
「自分の足で歩く」という生き方 …… 130
給料はだれが決めている？ …… 136
社員の給料を上げたくても、上げられないワケ …… 141
一番実績を出している社員が、給料が不満で辞めてしまいました …… 146

第4章 「お金」が原因で失敗した過去の自分のために書いたノート

未来から来た僕から、過去の僕へ……150
1 会社は、給料以外にも社員に還元している……155
2 「数字の読み方」を知ると、世界が変わる……160
3 「給料が上がるしくみ」は、業界や会社によっても違う……171
4 「どんな稼ぎ方をしたいか」という自分の軸を持つこと……178
5 お金で解決できることも多いが、「劣等感」はお金で解決できない……182
これから新しい未来をつくり上げるキミへ……198

あとがき 古屋悟司……200

ブックデザイン　杉山健太郎
イラスト　風間勇人
DTP　アイ・ハブ

第1章 営業成績がトップになっても、なんで給料が上がらないんですか？

給料払ってんだから、もっと仕事しろよ

¥ そしてだれもいなくなった

「給料払ってんだから、もっと仕事しろよ！　そういうのを給料泥棒って言うんだ！」

僕は社長として、今日の終礼で、思わず大声を張り上げました。

理由は、スタッフのやる気が伝わってこない仕事ぶりからです。何度教えても、仕事の覚えが悪く、ずっと溜まっていたイライラが爆発したのです。

まったく、あいつらときたら、もらうものは一人前にもらっておきながら、ちっとも仕事をしない。僕がどれだけ朝早く起きて、夜遅くまで仕事をして、必死になって

稼いだ金で給料を払っているのかを、まったく理解していないんだ。

僕は古屋悟司。数年前に脱サラし、安売りの花屋を開業して、年商1億円程度の規模まで拡大させたのに、なぜだか儲からない。従業員たちの働きもイマイチだし、関係もあまりうまくいっていない。このままだと先行きはちょっと不安です……。

翌日、いつものように朝5時に起きて、商品である花を仕入れに市場へ行ったあと、その花を積み込み、10時ごろに会社に到着しました。

あれ？　なんか会社の中が暗いな？　まったく、あいつらときたら、電気もつけていないのか。会社に入る自動ドアの前に立っても、ドアが開きません。電源が入っていないみたいです。

「チッ！　何やってんだ！　まったく……」

僕は舌打ちをしながらドアに手をかけると、カギも開いていない。会社の中をのぞくと、真っ暗で、だれもいません。

この瞬間、何が起きているのかを僕は悟りました。従業員全員が、だれひとり来ていない。どうやら、昨日の僕の終礼の話を聞いて口裏を合わせたかのように、全員で辞めたようです。

「クッソ!! マジかよ! どうなってんだ!」

¥ バック・トゥ・1993

僕は茫然《ぼうぜん》としながらも、とりあえず喫茶店にでも行って冷静にならなくてはと思い、会社の前の道路に出ました。すると、猛スピードで1台のレクサスがこちらに走ってきます。レクサスは、僕の目の前で急ブレーキをかけ、タイヤをけたたましく鳴らしながら止まりました。

中から薄汚れたつなぎの服を着た、見知らぬおじさんが降りて来て、息を切らしながら僕に話しかけてきました。

「ハアハア。キミが古屋くんだな？　ハアハア。探したよ。じつはキミの未来が大変なことになっているんだ！」

「だれですか？　未来がなんとか言ってるけど、スタッフがみんな辞めちゃって、今この瞬間、すでに大変なんですよ！　てか、なんで僕の名前を知っているんですか？」

「いいから、このジロリアン号に乗って！　さあ、行こう！」
「はあ？　行くってどこへ？　何言ってるかさっぱりわからないんですが」
「これは私がつくった車型のタイムマシンだ。ちなみに、『ジロリアン号』は私がラーメン好きなことから名づけた。さあ、『ジロリアン号』に乗って過去に行くんだ！」

「はあ？　タイムマシン？　ジロリアン号？　何、言ってるんですか？」

僕はいきなり腕をつかまれ、車の中へ無理やり押し込まれました。外に出ようにもカギが外側からかかっているようで、まったく開きません。僕は頭のおかしいおじさんに、今まさに誘拐されそうになっています！

「よし、1993年4月5日にタイムトラベルだ！」

おじさんはそう叫ぶと、ラジコンのコントローラーのようなもののボタンをカチャカチャと押しました。車はガコガコと音を立てながら、すごいスピードで急加速。まわりの景色が真っ暗になったと思ったら、またすぐに明るくなりました。

「着いた！　1993年だ！」

「は？　まだそんな寝言みたいなこと、言ってるんですか」

「あれを見なさい！　あそこにいるのがサラリーマン時代のキミだ！」

僕は車の窓越しに、おじさんが指差す方角に目をやると、たしかにサラリーマン時代の僕がいます。

「え？　ウソ？？　本当に1993年に来たの？」

にわかに信じがたいことですが、僕の目の前には、同僚と談笑しながら歩いている僕がいるんです。

「少しは信じてきたかい？　キミの未来は、過去の積み重ねで出来上がっているからね」

「ていうか、あなたはだれなんですか？」

「私は、『お金と幸せの関係』について研究している博士だ。『会計ドクター』とも言われているので、まあ『ドク』とでも呼んでくれ。タイムスリップを事業とした『人生やり直しま専科』という会社をやっている。２０３０年にキミの母親から、キミの人生をなんとかしてほしいと依頼を受けた。未来のキミは、会社をつぶして自己破産。さらにはホームレスになってしまっているんだ。それでキミの母親がなけなしの金を払って、私に依頼をしたというわけだ。すぐには信用できないかもしれないが、これは事実だ。諸悪の根源がどこにあるのかを突きとめながら、過去をなんとしてでも変えなくてはならない。その手伝いをしに来たというわけさ」

どうやら、目の前に広がる景色も、過去の僕も、全部本物らしい。

こんなことが本当にあるのか？　半信半疑のまま、とりあえず、僕は自称「ドク」に言われるがまま、過去の自分を遠くから追いかけることに。

研修中も給料をもらえるなんてラッキー！

￥　一番稼げる会社はどこだ？

ドクにされるがまま、１９９３年に連れて来られたわけですが、当時の景色に触れて、過去の自分の姿を見ながら、僕もだんだん就職前後の記憶がよみがえってきました。


日本中が浮かれていたバブル景気。そのピークのころ、僕は大学に入学しました。

僕は私立大学に通っていたのですが、附属の小学校からの進級組はみんなお金持ち。

そんな友達たちは、親にスポーツカーを買ってもらって乗り回し、ブランドもののバッグを持っているのは当たり前。中には、学生のくせにロレックスの腕時計をしているヤツさえいました。

僕も友達に負けじと、ルイ・ヴィトンの財布を持っていました。原宿の露店で買ったニセモノですが……。

「お金を持っている人間が偉い」。そんな価値観の上に、すべてが成り立っているように、僕は感じていました。

お金持ちの家に生まれた友達が、ただただうらやましかった。お金がない。ただそれだけで、なんだか彼らに負けている気がしてならなかった。だから、「就職したら、人の何倍もお金を稼ぎたい」。ずっとそう思っていました。


僕は大学を卒業して、豊丸自動車西東京という、大手自動車メーカーの販売会社（豊丸自動車と資本関係はなく、メーカーが卸《おろ》した車を販売する代理店）の営業マンとして就職することにしました。僕が勤務する多摩営業所は、多摩地域に10か所ある店舗のひとつです。

「自動車の販売会社の営業はノルマが厳しい」。そんな噂も聞いていました。だから、大学の友達の間ではあまり人気はありませんでした。人気の職種は、上場企業で、給料が高く、クリエイティブな仕事。

でも、僕の場合は会社を選ぶ基準がちょっと違っていて、ポイントは「稼げるかどうか」でした。さらに、「出世のゴールが、社長になれるかどうか」。ここがかなり重要な部分でした。

まずふつう、就活生は会社に入れるかどうかを考えます。だから、「社長になれるかどうか」なんて考えないと思います。でも、僕にとっては、そのことがとても重要なことだったんです。

理由は、「社長が一番、給料が高い（はず）」と、ずっと思っていたから。実際に、就職活動中の面接では、「この会社は社長まで出世できますか？」なんて聞いていたくらいです。

自動車の販売会社は、車を1台売ると、月給以外に歩合給が支給されるしくみになっています。「たくさん車を売ることができれば、新入社員でも稼げそう」ということから選びました。

大きな会社だと社長までは出世できない気がしていたし、自動車の販売会社くらいだと、会社の規模として「これくらいなら僕も社長にまでなれる」と感じたことも大きかったです。

さらに、僕は学生時代に、飛び込み営業のアルバイトの経験が少しだけありました。そこで、そこそこ実績も出せていたから、面接の段階で優秀と判断されたみたいです。

何より、僕が面接でした質問に対して「出世のゴールが社長」という確約ももらえたので、入社しようと決めたわけです。言ってみれば、お見合いで相思相愛になったカップルみたいなものです。

「ボーっと見ているんじゃない！　今、目の前にいる過去のキミを、なんとかしないとならんのだ！」

「なんとかするって言っても、どうやって？」

「過去のキミに、見つからないようにしながら、気づきを与えていくんだ。見つかってしまったら、タイムパラドックスが起こってしまって、今のキミも、過去のキミも両方、存在しなくなってしまうかもしれないからだ」

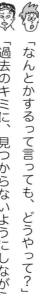

「えええ！　そんな……」

「まあ、タイミングを待つしかないようだ。見つからないようにしながら、過去のキミの生き方を変えるんだ！」

「変えるって……。どうやって!?」

「メモをこっそり置いて、気づきを促すのが定番だな」

「メモ？」

「そうだ。こっそりメモを置くんだよ」

「うーん。と言ってもなあ」

「とりあえず陰に隠れて、見守ろう。あっ、そうだ！　光を当てると透明人間になれる懐中電灯があるから、念のために使っておこう。あと、未来では使えないが、過去の時代のちょっとしたカギならば開けられる『万能キー』も用意しておこう」

ドクは懐中電灯をポケットから取り出して、自分と僕を照らしました。すると、声はするのにドクの姿が見えません。なんだか『ドラえもん』の世界みたいで、夢か現実かまだよくわかりません。ベタですが、ほっぺたをつねってみると、イテテテ。
どうやら現実のようです。

¥ 意気揚々《ようよう》と入社したけど仕事はパシリ

自動車の販売会社の営業マンとして僕はやる気マンマンで、「一気に先輩たちをごぼう抜きして出世してやる!」と意気揚々と入社したはいいけれど……。仕事らしい仕事は全然させてもらえません。基本的には、先輩のパシリです。

「おい! 納車前の車洗っとけ!」
「はい!」

車を洗ってるだけで、どんどん汗が吹き出てきます。

「終わりました!」

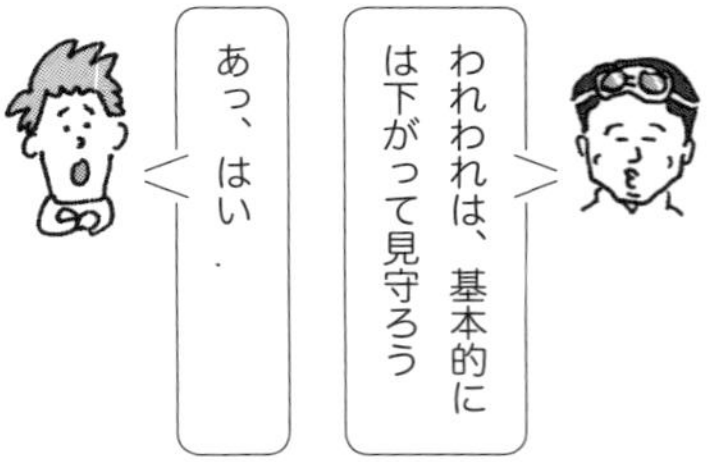
われわれは、基本的には下がって見守ろう
あっ、はい

「そしたら、展示車を外に移動させておけ！　ダッシュだ！」
「はい！」

ダッシュで走って行って、展示車を移動させます。

ほんと体育会系な会社で、先輩に逆らうことなんて許されません。でも、「早く僕も車を売りたい……」。そう言えば、午後からは、待ちに待った新人研修です。

会社が所有している研修センターで、車の販売に関する研修を受けるんです。あちこちの営業所に、散り散りになってしまった同期の仲間たちとも会えます。何より、実際にまだ車は売っていないけれど、研修中は仕事をしているような気分になれました。

パシリではもちろん自分のスキルが磨かれている気はしませんが、研修は自分の成長を少なからず肌で感じます。

研修では、車を売るために必要な基本的な知識や、車を売るためのテクニックの講義を受けるんです。１日も早く車を売りに出かけたかったので、僕は食い入るように

けっこう、がんばっているじゃないかー！
おー！　働いてますね

会社って新人の教育にどれくらいのお金をかけているんでしょう？

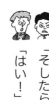

学んでいました。大学時代、こんなにも一生懸命に学んだことがないくらいにノートをとったり、復習したりと、むしろ勉強が楽しくてしかたがない。

今日は、営業のスキルのひとつとして、「おうむ返し」というものを教わりました。これは、話につまってしまったときや、相手に共感を示す態度を示したいときに、お客様が言った内容を、同じように自分の口から相手に伝えるテクニックだそうです。

お客様「今は買うつもりないんだよねぇ」
販売員「そうですよねぇ。今は買うおつもりはありませんよねぇ」

お客様のセリフを復唱することで、次の話題をその間に考え、さらには「私はあなたを理解しています」ということを、潜在意識に訴えかけるべく態度で示すのです。

さまざまなテクニックをひとつずつ丁寧に教えてもらい、参加者同士でロールプレイングをしました。「研修で学べば車が売れるようになる！」。のどから手が出るほどほしいノウハウの数々を教わるというのは、心が踊るくらい楽しく、時間はあっという間にすぎていきました。

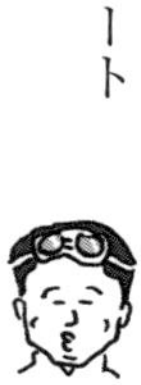

一般的には、新人の教育に年間1人当たり10万円程度とも言われている

大学は、お金を払って教えてもらう場所でしたが、「会社はお金をもらいながらスキルを磨く」ことができるんです！　会社ってすごい場所だなあと思いました。月に2回の研修の日は、教えてもらっているにもかかわらず、それで給料ももらえるんです。なんてラッキーなんだ！

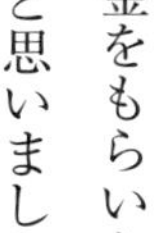
研修中でも給料がもらえるのは、会社からの先行投資という意味なんだけどな

初任給をもらったけれど、いろいろ引かれて手元に残ったのは……

¥ 待ちに待った給料日

入社後、担当営業所に配属されて1か月。待ちに待った給料日がやってきました！1人ひとり名前を呼ばれて、給与明細が配られます。とてもワクワクする瞬間です。学生時代のアルバイトで、給与明細自体は見慣れていましたが、社会人になっての給料日は未知の世界です。まあ、仕事らしい仕事はまったくしていないのですが、もらえるものは少しでも多くほしいものです。

営業所長に呼ばれ、手元に1枚の封筒が配られました。封筒にはミシン目がついていて、僕の名前が印字されています。はやる気持ちを抑えながらも、ミシン目をゆっくりと折り、丁寧に縁《ふち》を切り取ります。

初任給はだれでもうれしいものだからね

封筒を開いて真っ先に目に入ったのが、「基本給21万円」という文字でした。

学生時代のアルバイトでは最高で10万円くらいだったのに、基本給21万円。社会人になってからの1か月間は、営業所のまわりの草むしりと、パシリ、そして研修くらいしかやっていないけれど、21万円ももらえるのか！

僕はなんだか少し悪いような気さえしましたが、社会人って会社にいるだけで、お金がたくさんもらえるものなんだと思いました。

さらに、給与明細をよく見ると、「雇用保険」と「所得税」が引かれていて、手取りが20万円弱でした。「それでもけっこうもらえるんだな。社会人って、やっぱり学生とは違うな」なんて思いました。

¥ 自分の知らないところで、給料からお金が引かれています

翌月の給料日。「今月はいくらもらえるのかなあ」と、給与明細にこまごまと書いてある項目をひとつひとつ見ていくと、さまざまな保険や税金の名前が書いてあって、

ちゃんと親には初任給でプレゼントしたか？
いえ、してません……

数万円から数百円まで、大小いろいろと引かれています。

厚生年金、所得税、健康保険、雇用保険……。「えっ？　こんなに引かれるの？」と思い、差引支給額のところを見ると、約17万円と書いてあります。

先月もらった初任給と比べて、手取りの額はぐっと減りました。「初任給は20万円弱だったのに、次の月は17万円なんて！」と、社会人になると、あれもこれも引かれることに、正直ちょっと凹みました。

「税金は、まあ、しかたがないとして、厚生年金や健康保険、雇用保険などの各種保険って、自分でかけたくて払うものじゃないの？　なんで会社が勝手にかけてるんだろう？　別に保険なんてなくてもいいのに」と思いました。

と同時に、「1日でも早くたくさんの車を売って、どんどん稼ごう！　そして出世しよう！」と鼻息荒く自分に誓いました。

家に帰ると、テーブルの上にメモが置いてありました。

「社会保険は、会社が半額を負担してくれているんだよ」

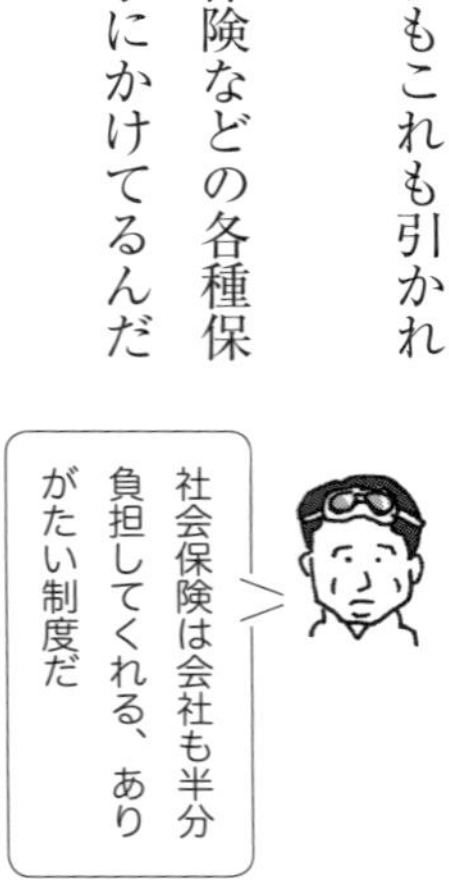
社会保険は会社も半分負担してくれる、ありがたい制度だ

僕は一瞬「へ～え」という言葉が出そうになりながら、「もしかして母親が書いたのかもしれない。でも、なんで、僕が給料の社会保険を疑問に思っていたことを知っているんだ?」と思いました。

メモをよくよく見ると、明らかに母親の字ではなく、自分の字に似ています。僕はそんなことを書いた記憶はなく、よくわからないので、メモをそそくさとゴミ箱に捨てました。

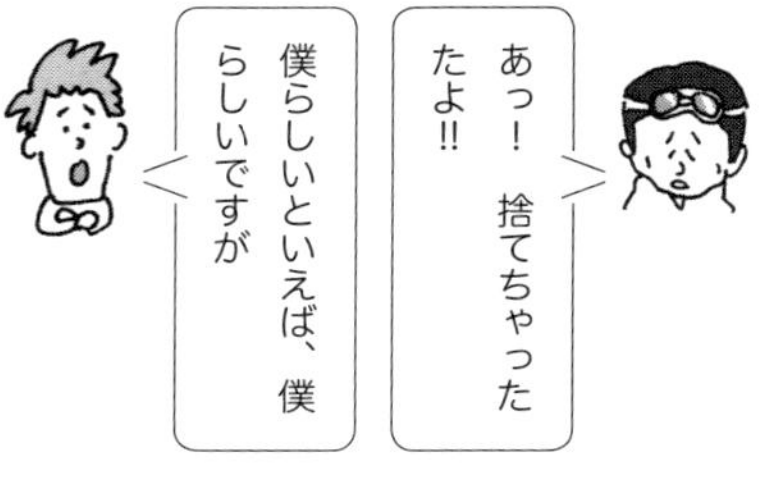
あっ！　捨てちゃったよ!!
僕らしいといえば、僕らしいですが

値引きをしたら、いきなり売れました

￥仕事って、思っていたよりも楽ではありません

営業所に配属になって2か月。担当のエリアを持つことになり、はじめての外回りに出かけました。

担当エリアのことを業界では「テリトリー」と呼び、日本語に訳すと「縄張り」です。自分のテリトリーを他社に占領されないためにも、くまなく回って自社のお客様を増やしていくのが自動車の販売会社の営業マンの仕事のひとつです。

最初は自分にお客様がいないので、いわゆる「飛び込み訪問」をやります。見ず知らずの人の家のチャイムを鳴らし、訪問するのです。

1日の訪問件数の目標は「100軒回ること」。研修担当の方からは「それをノル

できることが少ない新人社員は、とにかく足を使うことだな

マとして、とにかく顔を売れ！」と言われていたので、その数をこなすしかありません。

新人研修で教わった通り、お宅のチャイムを鳴らして、人が出てきたら挨拶をします。「こんにちは！　豊丸自動車西東京・多摩営業所の古屋と申します！　このたびこちらの地区の担当となりましたので、ご挨拶におうかがいいたしました！」と名刺を差し出します。

見ず知らずのお家の方は、怪訝《けげん》そうな顔をしながらも名刺を受け取り、「あぁ、そうですか。うち、おたくから車買ってないですけど？」とそっけない返事です。すかさず、習ったばかりのおうむ返しを試します。

「そうですよね。買ってないですよねぇ」。すると、「そういうことなんで……」と言われ、バタンとドアが閉まってしまいました。

「あれ？　研修のときと違う反応だな……」と、現場の厳しさを噛み締めながら、100軒の訪問のノルマを達成するために、隣の家に移動します。

研修は、あくまでロールプレイングだったわけですね

文字通り「門前払い」で断られ続けながら、挨拶&名刺配りをとにかくこなし、初日に１００軒のノルマをなんとか達成。

が、収穫らしい収穫もなく、１日やった感想は、とにかくクタクタ。そして、不在の家が多いこと。共稼ぎの家が多いみたいで、訪問しても留守ばかりでした。

ただ、「１００軒」というノルマは、ものすごく疲れるけれど、留守宅も入れるとがんばればなんとか回れることがわかりました。次の日からは、自分に気合いを入れる意味も込めて、１２０軒を自分の目標にして、根性で回ることに決めました。

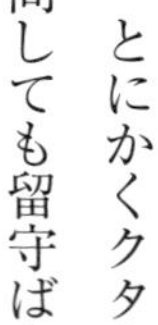
ノルマよりも目標を高くする、その根性だけは認めるが

￥ あの鐘を鳴らすのは

翌日、いくつかのお宅を回っているなかで、マンションも訪問しました。その中の1軒で、チャイムを鳴らすと、平日の昼間には珍しく、ダンナさんがドアを開けてくれました。

パッと見、かなり怖そうな顔の男性だったので、若干ビビりながらご挨拶をすると、「今、ベンツに乗っているんだけどさ、もう1台買おうか考えているんだよね～」とのこと。その日はいろいろと会話をして、カタログを置かせていただきました。
やった！　はじめての「ホット」登場です！　「ホット」とは、買いそうなお客様のことを呼ぶ業界用語です。この「ホット」をどれだけつくれるかが、営業マンにとって毎日の訪問の成果だと教えられました。

その日の仕事終わりに日報を書き、それぞれの営業マンが終礼で報告します。新人ながらも僕は、「本日のホット1軒です！」と報告できたことがうれしかったです。それによって所長をはじめ、先輩にもほめられました。

そして、そのホットを成約に結びつけるために、今後どんな動きをすればいいのかを、先輩からじっくり時間をかけて、丁寧に教えてもらいました。

一番重要なのは、再度訪問して、ゆっくり時間を取ってもらえるように促し、アポをとってくることだというのです。早い話が、「商談をする時間を、お客様にいただくために、その約束をしてきなさい」と。

新人の指導は、すぐには実を結ばないかもしれないけれど、一人前になってほしいという上司や先輩の気持ちもわかっているのだろうか？

￥「値引き」は商談の強力なひと押し!?

僕は翌日、再度そのお宅を訪問し、今週の土曜日におうかがいしたい旨と、ご希望の車種を実際にお持ちすることをお伝えしたところ、なんと二つ返事でＯＫしてくれたのです。その日は１２０軒に増やした訪問のノルマも、ルンルンでこなすことができてしまいました。

さらに、その日、じつはもう1軒の「ホット」があったのです。僕も商談のアポの流れを把握してきたので、すぐさま「今週の土曜日に、ご希望のお車をお見せしますよ！」と、一人前の顔をしながらアポをとってきました。

そして、仕事終わりに、今日の出来事を終礼で報告し、またも所長や先輩にほめてもらいました。かくして、今週の土曜日の商談2件がどんな流れになるのか、楽しみでしかたがありません。

その週の土曜日。所長に同行してもらいながら、１件目の商談に行きました。お客様のお宅に到着し、持ってきた希望の車を見てもらいます。

「これ、どれくらい値引きできる?」とお客様に聞かれると、所長はすぐさま値引きの交渉に応じます。

所長「今回、特別に34万円引きでどうでしょう?」
お客様「もうちょっとならないかな?」
所長「新人の古屋の顔を立てるということで、今、即決いただけるという前提ですが、40万円引きでいかがですか」

所長と一緒に僕は頭を下げて、「僕の1台目の契約をよろしくお願いします」とお願いしました。すると、お客様は「しょうがないな～」と苦笑いしながら、契約してくれたのです。え? 値引きするとこんなに簡単にご成約してくれるんだ……。僕は少しあっけにとられてしまいました。

2件目の商談も同じようなことを繰り返し、簡単に成約。はじめての車の販売は、所長に手伝ってもらったこともあり、いきなり1日に2台の車が売れてしまったのです。

所長さんに罪はないのだが、キミにとって「悪い学び」になってしまったな

そうか、これか！

お客様の買いたい金額まで値下げをすれば売れるのか！　僕は営業の真髄をつかんだような気持ちになりました。

商品の原価を知ってびっくり！

¥ 原価って、そんなに安いんですか！

「おい、古屋！　おまえ、いきなり2台売れたんだってな。すげーじゃん」

毎月10台以上の車を売っている、うちの営業所のトップセールスマンの黒木先輩が声をかけてくれました。

黒木先輩は、よく所長に怒られていました。「たくさん売っているのに、なんで怒られているんだろう？」と聞き耳を立てていると、どうやら値引きをしすぎて怒られているようです。

僕ら営業マンには、「○○は30万円まで」というような車種ごとの値引きの条件が決まっていて、それを守って販売することが義務づけられていました。

しかし、以前、黒木先輩に飲みに誘われてついて行ったときに、こんなことを教え

条件が決まっているのは、会社の利益を守るためだったのかな？

てくれました。

「なあ、車の原価って知ってるか？」

「いえ、わからないです」

「あのな。たとえば３００万円の車だったら、だいたい20万～30万円が原価だよ」

「え!? そんなに安いんですか？」

「あぁ。だから、値引きなんてのはいくらでもできる。値引きを客は望んでいるし、値引きすれば車を買う。それが俺らの仕事だ」

「あ、はい。わかりました！」

３００万円の車の原価が20万～30万円だとは驚きました。そして同時に、それを３００万円で販売会社は売っているので、自動車メーカーはボッタクリだと思いました。

黒木先輩は続けて、言いました。

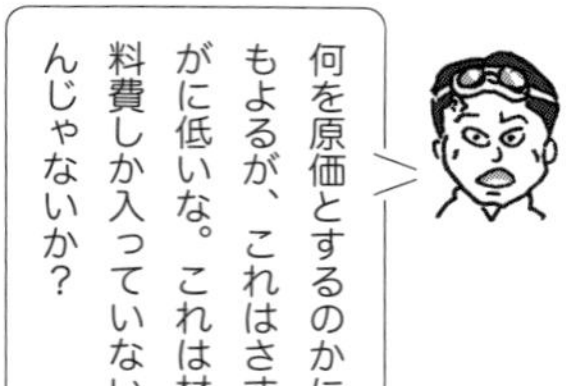
何を原価とするのかにもよるが、これはさすがに低いな。これは材料費しか入っていないんじゃないか？

えっ、先輩の言っていたこと、違ってたんですね

「この１００円ライターの原価知ってるか？」
「え？　このライターですか？」
「あぁ。このライター。原価は7円50銭だよ。でも俺たちは１００円で買うよな？　世の中こんなもんだよ」

¥ じゃあ原価が安いぶん、だれが儲けているのか？

黒木先輩は遠くのほうをぼんやりと見つめながら、コップに残っていたビールを飲み干しました。僕があわてて先輩のグラスにビールを注ぐと、僕の顔を見てニヤリと笑いながら言いました。

「いいこと教えてやるよ。うちの会社ってな、3月になるとたっぷりと車を仕入れるんだよ。なぜだかわかるか？」

「え！　車がたくさん売れる時期だからですか？　決算のときは売れるって聞きました」

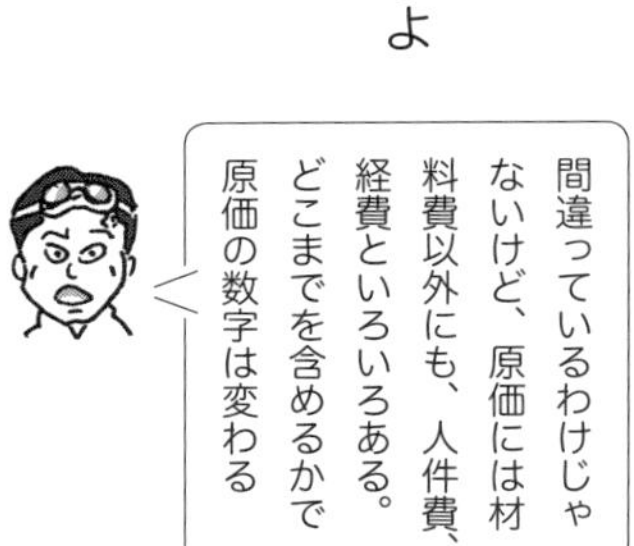
間違っているわけじゃないけど、原価には材料費以外にも、人件費、経費といろいろある。どこまでを含めるかで原価の数字は変わる

「バーカ、違うよ。売ってんのは俺たちなんだから、売れるんじゃなくて、売るの。死ぬほど車売るんだよ。で、なんで売らなきゃならないか、わかるか？」

「あ、いや、なんでですか？」

「あのな。ある一定台数以上、車を仕入れると、メーカーから奨励金っていう金がな、販売店であるうちの会社にたっぷり振り込まれるしくみになってんだよ。年間で何台以上仕入れたらボーナスって感じでな。それを目当てにバカみたいな台数を仕入れるんだよ」

「それって、ふだんから、安く仕入れて、ボッタクリですごい儲かっているのに、さらに会社はメーカーからお金をたくさんもらえるって話ですか!?」

「そうだよ。会社は儲かるよな～。だからさ、少々、規定の値引き額をオーバーしたくらいじゃ、どーってことないんだよ。売ってくりゃいいの。俺らは」

そうか！　これか！

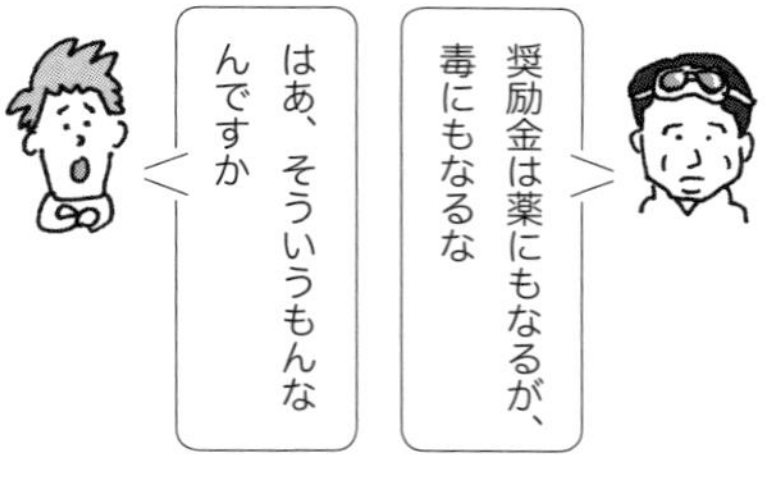
奨励金は薬にもなるが、毒にもなるな
はあ、そういうもんなんですか

トップセールスマンの黒木先輩が言うことなんだから、これは間違いない情報だと思いました。

会社は僕らを利用して儲けている。３００万円の車を１台売っても、僕に入ってくる歩合は５０００円程度。ってことは、社長や所長の懐《ふところ》に儲かったお金がジャブジャブと流れ込んでいるに違いない。

くそ！　社長や所長がうらやましい反面、憎くも思えてきました。

よし、ガンガン値引きして車を売ろう。それでお客様が喜ぶなら、そのほうがいいに決まっている。僕はそう確信しました。

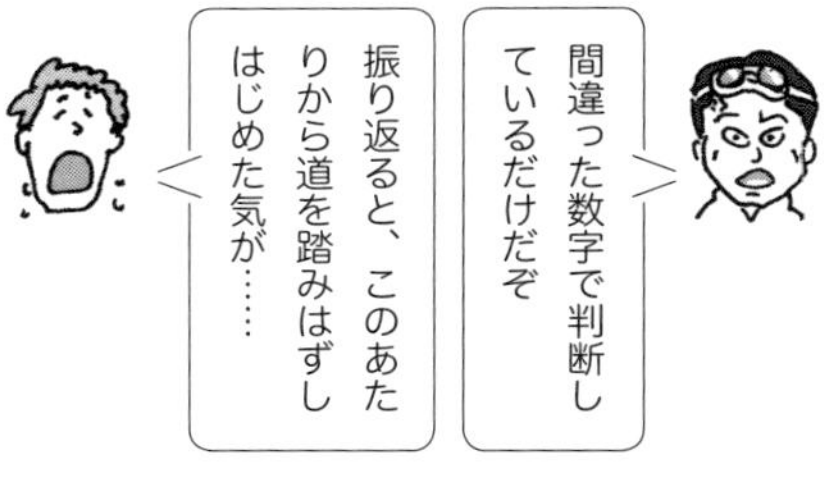
間違った数字で判断しているだけだぞ
振り返ると、このあたりから道を踏みはずしはじめた気が……

待ちに待った「ボーナス」だけど、思っていた額と違う

¥ 夏の暑さにも負けずに働く「ある楽しみ」

季節は夏へと変わり、日差しがギラギラと照りつけるなか、僕は毎日１２０軒の訪問をこなそうと必死でした。でも、販売した車の納車の準備が忙しく、毎日の目標にしている訪問件数をこなせずにいました。

訪問件数をこなせないだけでなく、しかもこの厳しい暑さに、歩くとすぐに汗だくです。心も折れそうで、飛び込み訪問をするにはとにかくつらい季節でした。

それを気づかってか、所長は営業マン出身ということもあり、「12時〜15時ごろまではゆっくり休め。車の中を涼しくして仮眠をとって、夕方からまた仕事を再開すればいい」と、営業マンに昼寝の休憩を与えてくれました。ノルマに追われる日々のな

「シエスタ（昼休憩）」
をとるとは意外に合理
的な所長さんだな

かで、昼寝はちょっとした息抜きの楽しみな時間になりました。

しかし、夏にはもっと楽しみがあります。何と言ってもボーナスがあるのです！

でも、所長から「初年度は『寸志《すんし》』と言って、志《こころざし》程度なので期待しないようにな」と言われていましたが、やっぱり期待してしまいます。

僕の営業成績は、ほかの同期入社の仲間たちよりもよかったので、やっぱり差がつくんじゃないだろうかとか、いろいろと妄想しながら楽しみに待っていました。

￥ 何も言えなくて…夏

いよいよボーナスの支給日。「現金でもらえるのかな?」などとワクワクしていたのですが、いつもの給与と同じように銀行振り込みとのこと。ちょっとだけテンションが下がりましたが、それでももらえるものは、やっぱりうれしいです。

恐る恐る、明細のミシン目を丁寧に切り取り、中身を見ると……。

初ボーナスは寸志といえども、うれしいものですね

「支給額　5万円」

「え？　5万円？　何かの間違いかな？　いち・じゅう・ひゃく・せん・まん」と心の中の叫び声が思わず口に出そうでしたが、何度見ても5万円でした。

たしかに、所長からは「期待しないようにな」と言われていましたが、僕は毎月2～3台の車を売っていました。売上にして800万円ほどですから、正直もう少しもらえると思っていたのでがっかりでした。

同じ営業所に配属された同僚に「いくらだった？」と聞くと、やっぱり5万円だというのです。ほかの営業所の同期はどうかと聞いてみましたが、やっぱり5万円。

僕はけっこうがんばったし、結果も出していたのに。ほかの営業所の同期は僕の半分以下の販売台数です。でも、その彼らとも同じ金額とは……。ちょっと納得がいきません。

ただ、「ま、もらえないよりマシか！」と気持ちを切り替え、夏休みにどこに行こうかと考えることにしました。

そもそも、ボーナスの対象外（査定期間は前年の秋冬あたり）のもらえない期間だし、ありがたいことなのに

絶対額より「他人との差」が気になるというアンカリング（最初に接した印象が、その後の判断に影響を与える）の典型的心理だな

帰りじたくを済ませ、会社の駐車場に行くと、何やらワイパーに紙がはさまっています。

「なんだ？」と思い、紙を手に取ると、こう書いてありました。

「寸志は会社からの志。会社に感謝を」

「なんだこれ？　たちの悪い、いたずらか？」。なんだか気味が悪いので、僕はくしゅくしゅと丸めて車のゴミ箱に捨てました。

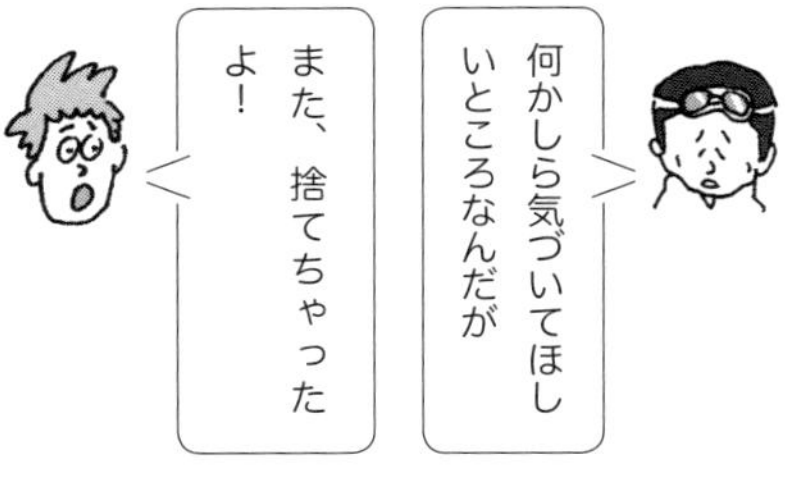
何かしら気づいてほしいところなんだが
また、捨てちゃったよ！

営業成績はトップなのに、なんで給料が上がらないんですか？

¥ エースをねらえ！

季節は変わって秋になり、僕の営業成績はさらに上がっていきました。

自動車の販売会社の営業マンにとって、訪問して車を売るきっかけのひとつは「査定をとってくること」です。「査定」とは、車の状態を見て、下取り額を決める行為で、それをきっかけに新車のご提案につなげる営業方法です。

僕は、その査定をとってくることで、豊丸自動車西東京の10店舗による全社記録を塗り替えることにチャレンジしました。

先輩たちは買い替えの需要や、お客様からのご紹介で毎月10台ほどの車を販売しています。負けず嫌いの僕は、それにも勝ちたかったのですが、まだまだそこまでの結

この査定件数のような成果につながる重要な指標のことを「ＫＰＩ」と言うんだ

果は出せていません。そこで、「査定」だけだったら全社で１番になれるのではないかと考えたんです。

査定のレコードホルダーは豊丸自動車西東京・本社勤務の２つ上の先輩で、月間68件の査定記録を持っていました。僕はそれを塗り替えようと、通常、査定は１日１件とれるかとれないかだったのですが、１日３～４件を目標にしました。

来る日も来る日も査定をとって、翌日以降にお見積もりを渡しに行く。「どんな手を使ってでも、その記録を塗り替える！」。そう心に誓って毎日やり続けました。

査定のきっかけづくりは「こんにちは！　豊丸自動車西東京・多摩営業所の古屋です！」と、さわやかな笑顔の挨拶から入ります。

新人のフレッシュさを、あざとすぎない程度に武器にしながら、「新人なので勉強のために、お車の調子を見させていただけませんか？」と言うと、簡単に車を見せてくれるのです。

そこで査定をとっていくのですが、「査定だけして、はい、さようなら」では、テ

あれっ？　努力の方向性がなんか違うような

リトリーのお客様たちに不信感を与えてしまいます。そこで、お礼にタイヤをピカピカに磨く、というサービスを僕はしていました。

翌日は、見積もりを持って、お客様を再訪します。その段階でたいていお断りされるのですが、もはや、僕にとっては、それはどうでもよくなっていました。とにかく査定の記録さえ塗り替えられれば、ということしか頭になかったんです。

その後、査定の数が異常に伸びていることが、全社的にも広まってきたようで、人事部の部長からは、「古屋くん、がんばってるみたいだね！　査定のあとのフォロー、大変でしょう？」などと声をかけられました。

営業所内で査定件数は常にトップ。もちろん、ほかの営業所の同期の仲間たちの間でもダントツでした。そして、待ちに待った月末。72件の査定件数を達成し、豊丸自動車西東京に10ある全営業所の査定記録を塗り替えることができました。さらに、販売台数も同期の中ではトップクラスです。

年が明け、成績のよい者が表彰される3月になりました。僕は狙っていた「新人賞」もとることができました。

「手段」と「目的」を履き違えるKPIにありがちな失敗だ

このとき、完全に調子にノッてました

¥ 春なのに

そして季節は春に。春と言えば昇給・昇格の季節でもあります。僕は1年間、相当がんばった自負がありました。

なにせ、同期の中ではトップです。そして、査定の全社記録を塗り替えたんですから、僕の中ではダブル受賞みたいなものです。

「異例の昇進や、抜擢《ばってき》、昇給があってしかるべき」くらいに思っていたので、給料日には、内心かなり期待していました。

いつものように給与明細の封筒を開け、基本給の部分を見ると「21万8000円」。

「あれ？　8000円しか昇給していない。嘘でしょ？　もっと上がるでしょ？　僕はトップだし、記録も塗り替えたのに……。なんで、8000円しか変わらないんだ？」と茫然としました。

同期の仲間に昇級した金額を聞くと、やはり同じく8000円でした。なぜ、人一

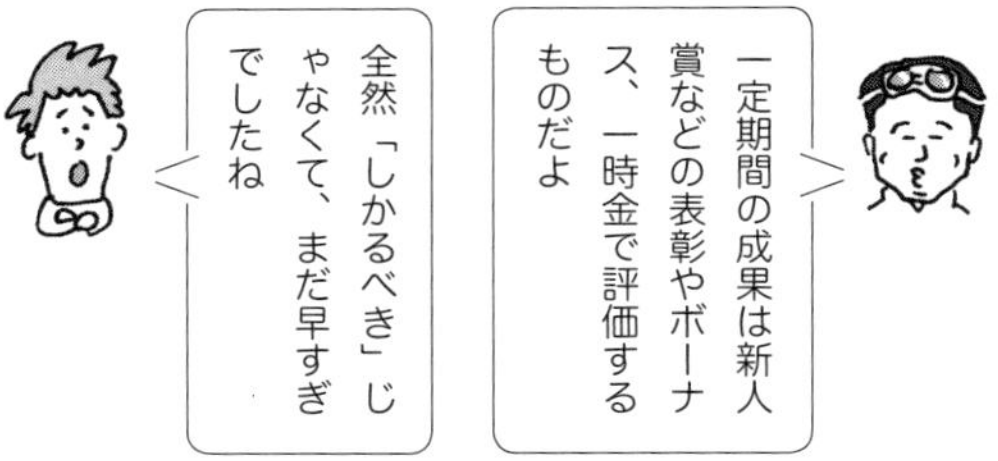
一定期間の成果は新人賞などの表彰やボーナス、一時金で評価するものだよ
全然「しかるべき」じゃなくて、まだ早すぎでしたね

倍がんばった僕と、それほどがんばっていなさそうな同期の仲間の昇給額が同じなのかが、まったく理解できませんでした。

少なくとも僕は、ほかの人よりも車をたくさん売った実績があります。そして、勤務態度も悪くないし、休んだこともありません。それをなぜ、会社が評価してくれないのかがさっぱりわかりません。

僕の全社トップの記録更新の価値は月額８０００円しかない。あれだけがんばっても、わずか８０００円。なんだか体の力が抜けて、やる気がどんどんなくなっていくのがわかりました。

これまでは、僕の心の中の風船が「やる気」という空気で割れそうなくらいにパンパンにふくらんでいた状態でしたが、シューっと音を立てて空気が漏れていく。さらに、風船はそのまましぼんでダランとしおれる。まさに、そんな感じでした。

僕は、この会社に必要とされていない人間なのではないか？　いや、むしろ、会社は僕をうまく利用して、搾取《さくしゅ》しているんじゃないだろうか？

「報われない」ことへのあせりは人間の宿命だな

それが近視眼的な思考だって気づきませんでした

ふと、飲み屋で黒木先輩から聞いた原価の話を思い出しました。やっぱり、社長のポケットにお金がどんどん流れ込んでいるんじゃないだろうか。悪いほう悪いほうへと向かう僕の想像は、ふくらむ一方でした。

原価計算をちゃんと学んでおくべきだったな

給料が安いので、辞めることにしました

¥ 社長からの「贈る言葉」

4月になり、新しい年度になったものの、僕のやる気は、回復の兆《きざ》しも見えず、会社にいても毎日ただただボーっとすごしていました。

「外回りに行って来まーす」と言いながら、車に乗り込もうとすると、またもワイパーに紙が挟んであります。紙にはこう書いてあります。

「目先のことばかりでなく、3年後の自分をイメージしてみないか?」

またか。どうやら僕は、自己啓発書にあるような説教をメモに書き残していく変なヤツにつきまとわれているようです。しかも、やたらと僕の字を真似るのがうまいので、もしかして身近な人なのかも。僕の成績を妬《ねた》む同期か？

それにしても、「今」に不満たらたらなんだから、3年後なんて見えるわけがないのに。もう、やる気もなくなっちゃったし、辞めよっかな。

思い立ったら行動に移すのが早い僕は、辞表を書いてスーツの内ポケットに入れました。文面はテレビドラマでよく見ていた、お約束の「一身上の都合により～」。

ただ、「最後に、入社式以来、会ったことがない多摩地域にある10店舗を束ねる豊丸自動車西東京の加藤社長に、この思いを伝えてみて、それでどうにもならなきゃ直属の上司である所長に辞表を出そう」と思って、社長のいる本社に乗り込んで行きました。

加藤社長は二代目で、父親が創業したこの会社を継ぎました。もともと父親が創業した車の修理工場だった会社を、豊丸自動車の販売会社へと大きく成長させた実績も

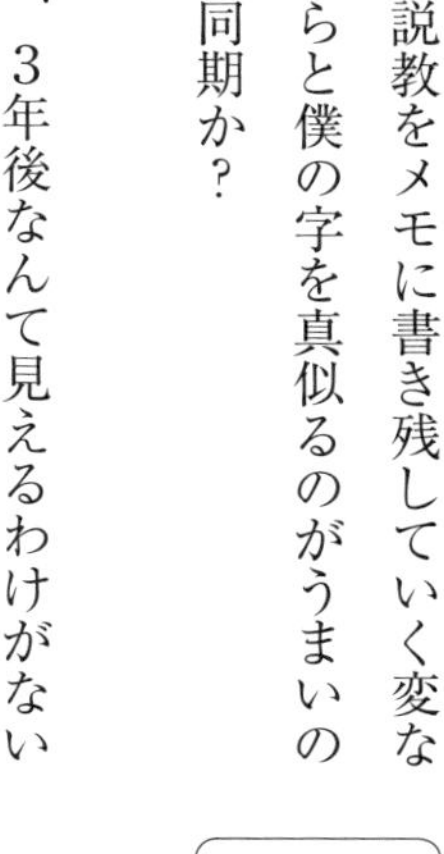
ドク、われわれは「変なヤツ」と思われているようですね

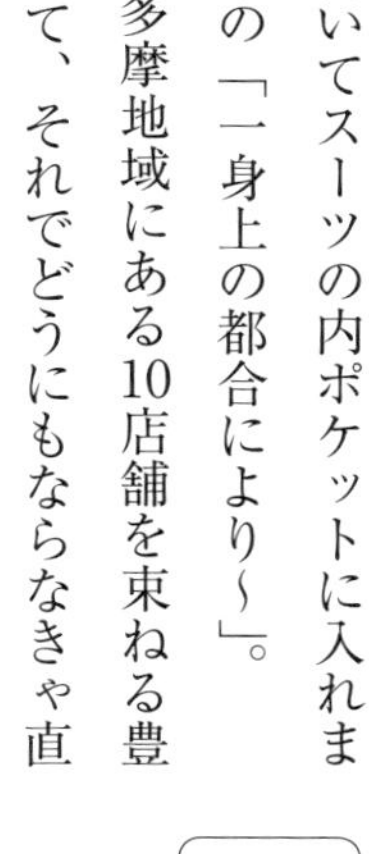
よくも悪くも行動が早いやつだなぁ

あり、それなりにわかる人なんじゃないかという、淡い期待も少し持っていました。

社長室の扉をノックして、ゆっくりと扉を開けると、柔らかそうな革張りのソファーに深く腰をかけ、加藤社長はそこにドスンと座っていました。

「お、お忙しいところすみません。多摩営業所の古屋と申します。お話ししたいことがあり、お、おうかがいさせていただきました」

「突然、どうしたんだい？」

緊張していただけでなく、加藤社長の威圧感にも圧倒され、あまりうまくしゃべれませんでしたが、加藤社長に「なぜ、こんなにがんばったのに給料が８０００円しか上がらないのか」という理由について、勇気をふりしぼってストレートに聞きました。

すると、ゆっくりと加藤社長は話しはじめました。

「古屋くんと言ったね。キミはがんばっているようだが、うちにきてまだ1年だ。会社というのは約40年間、働く場所だ。その中でわずか1年のがんばりを、

すぐに評価するほど会社は甘くない。会社人生は短距離走ではなく、長距離走。持久力が大切だ。そして、もうひとつ言っておこう。もちろん、キミにはずっとこの会社でがんばってほしいと思っている。けれども、今のキミのそれは『うぬぼれ』だよ。頭を冷やしなさい」

「……」

僕は直感的に「この人に話しに行ったのが間違いだった」と感じました。「そうですか。わかりました。ありがとうございました」と形だけのお礼を言い残して、そのまま本社をあとにし、自分の営業所へ車を走らせました。

¥ いつか何《ど》処《こ》かで

自分の営業所に到着すると、すぐに所長のもとへ行き、辞表を提出しました。

所長にはいろいろとお世話になったので感謝していましたが、「この会社で、一生飼い殺されるのは嫌だ」という思いのほうが勝りました。翌月の末付けでの退職をお

素晴らしい社長さんじゃないか！　しかし、その言葉はキミに届かないだろう

いやいや、大事な話だったでしょ！

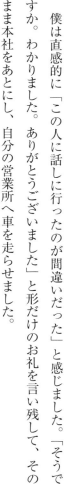

願いし、辞表を受け取ってもらいました。

僕が退職届けを出したことは、なぜかあちこちに筒抜けになっているようで、僕のもとへ、いろんな上役の方が来ました。理由はひとつ、引き止めるためのようです。上役の方には恩義を感じていましたし、嫌いなわけではなく、むしろ好きでしたから、申し訳ない気持ちとともに、1人ひとりに丁寧にお詫びをしました。

そのようななか、黒木先輩も僕のもとに来ました。僕は入社してからずっと黒木先輩に憧れていたので、僕のために時間をつくってくれたことが何よりもうれしかったです。

黒木先輩とは、あの居酒屋で話した以来で、ふだんはなかなか話せる機会がなかったので、僕は少し緊張していました。

黒木先輩は、怒っているのか、悲しんでいるのか、よくわからないけれど、鬼のような形相《ぎょうそう》で言いました。

「辞めんなよ！　おまえみたいな営業のセンスがあるやつは、もったいねえよ。

引き止めるのはなぜなのか。そこを気づいてほしいんだが

センスはあるけれど、おまえ、まだコスペのいい働き方もわかってねえし。そこが、本当にデキる営業マンとそうじゃない営業マンとの大きな違いになる。まだまだ教えたいことが俺にはたくさん残ってる。それに、この営業所に嫌なところがあるなら、一緒に俺らで変えようぜ！　天下取ろうぜ！」

「コスペ……（コスパとコピペが混じっちゃっているのかな）」

黒木先輩は拳を握りしめて、目を見開いて僕を見つめています。

正直、黒木先輩に認めてもらえたのはうれしかったです。しかし、僕が求めているものは給料が増えること。

だから、「一緒に俺らで変えようぜ！」「天下取ろうぜ！」という、黒木先輩のものすごく熱い言葉は、僕の心にまったく響きませんでした。だって、辞める理由は、給料が不満だからで、営業所が嫌いとかではないのですから。

黒木先輩に丁重にお断りしたところ、先輩は若干イラついていたようです。しかし、さすがはスゴ腕の営業マン。脈なしと思ったのか、そそくさと帰って行きました。

天下を取るかどうかはともかく、たしかに、ここで辞めるのはもったいなかったな

自分の机に戻ると、1枚のメモが置いてありました。メモにはこう書いてあります。

「1年目は会社からの投資を受けている状態だよ。あと3年はがんばれ！」

また、変な自己啓発チックなメモだ。僕は「やれやれ」とため息をつきながら、メモをゴミ箱に捨てました。

そうして僕は、がんばっても評価をしてくれない会社に見切りをつけました。目指すはもっと給料のいい場所を！　もっと自分の実力を認めてくれる場所を！　ここではないどこかに、きっとあるはずだ！

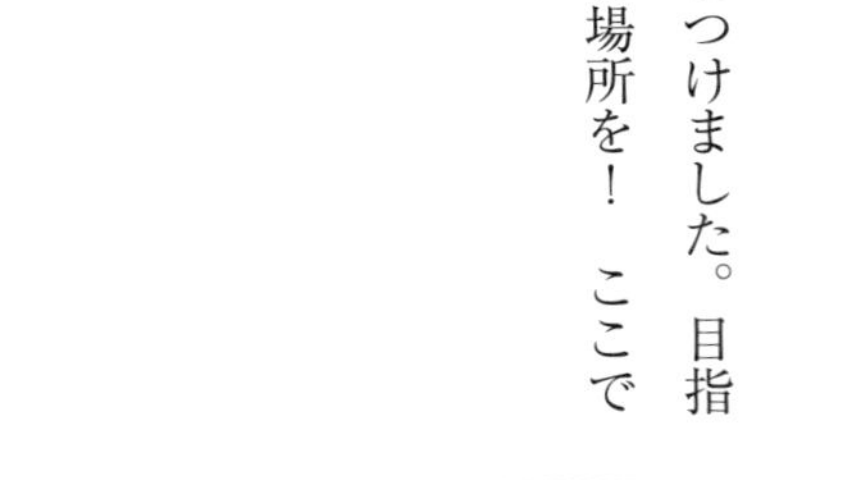
あーあ。「会社版・青い鳥症候群」だ
近視眼的で、現実逃避、あとひとつで負の三冠王です

第２章
売れば売るほど給料がもらえるなんて最高です！

偶然見つけた社員募集のチラシ

￥ ダメ人間だもの

僕は豊丸自動車の販売会社を辞め、もっと稼げる仕事を探すために、平日の昼下がりに求人広告を眺めていました。でも、いい求人はそれほど簡単にあるわけでもなく、「なんだかな～」と思いながらプータローを続けていました。

面白いもので、プータローに慣れてくると、人間の中身もそれなりに成り下がっていきます。と同時に、心のどこかでは、「またいつでも稼げるさ」とか「僕だって本気になれば、あっという間に金持ちになれる」と思っている自分もいました。

そのわりには、夜な夜な夜遊びをしつつ（お金がかからない程度ですが）、不規則な生活を送っているという……。はっきり言って、ダメなヤツの典型みたいな思考と行動を、延々と繰り返していました。

いつものように夜遊びから帰ってくると、机の上にメモが……。

「お金だけで仕事を選ばないほうがいいよ」

なんだこれ？　やっぱり、うちの母親かな？　でも、母親の字じゃないんだよなあ。

「とにかく余計なお世話だっつーの」とぶつぶつと独り言をつぶやきながら、メモをゴミ箱に捨て、眠りにつきました。

¥　サクセスストーリーは突然に

ただ、そんな怠惰な日々にうんざりしてきて、さすがに「このままじゃまずいな……」と思い、ある日曜日の朝、新聞の折り込みの求人広告を眺めていました。

「歩合制　月収１００万円可能！　業務拡大につき社員急募」

なんともおいしい条件の求人広告ではありませんか！

拝金主義から変わってほしいのだが……
「本気になれば」というやつにかぎって何もしていないですね
採用にお金をかけている会社ほど選考にも目を光らせるけど、この会社はどうかな？

直感的に「まさに僕のための会社じゃないか！」と思い、すぐに応募の電話をすることに。チラシには「担当：西村まで」と書いてあります。

電話先「プルルルルル……。カチャ。はい！ 教科書100点センターです」

「もしもし。古屋と申します。募集広告を見て、お電話したのですが、ご担当の西村様はいらっしゃいますでしょうか？」

電話に出た女性は、感じのよい方でした。「少々お待ちください」と保留になり、しばらくすると、西村さんとおぼしき男性が電話に出ました。

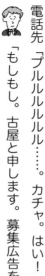

「あー、もしもし、西村です！」

西村さんは、けっこう声が大きな人です。腹の底から声を出しているような、思わず受話器を耳から少し離したくなるくらいの声の大きさでした。

当時はまったく考えていなかったですが、募集広告にもお金はかかっているんですよね

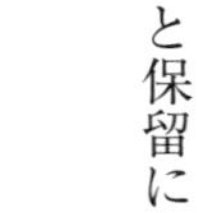

「古屋と申します。営業の募集を見てお電話させていただいたのですが、まだ、募集されていますでしょうか？」

「ええ。やってますよ！　一度、面接に来られたらいかがですか？」

こんなにすんなり面接にたどり着けるとは。学生のときの就職活動では、面接までいかずに、書類選考で落ちたことも多かったので、拍子抜けしました。

「明日、水曜日の14時でどうですか？　大丈夫ですか？」

西村さんは、サクサクと日時まで決めてくれて、好感触です!!　チャンスを逃してはいけないと、僕は勇み足で、面接の約束をとりつけました。

まだ、採用が決まったわけではないのですが、これで鬱屈《うっくつ》とした日々からオサラバできるかもしれないと、僕の胸の中のモヤモヤとしていた霧のようなものが、ス〜ッと晴れていく、そんな感じがしました。

サクッと面接に進んじゃいましたね。応募が少なかったのかな？

この会社は、おそらく慢性的に人手不足っぽいな

「歩合制」って最高！

￥ 僕がスーツに着替えたら

面接の当日。スーツを着るのは、ずいぶんひさしぶりでした。一番気に入っているスーツを着て、靴をピカピカに磨いて、さらには元営業マンならではの勝負ネクタイをビシッと締めて、いざ出陣です！

若干緊張しながら、目的の会社のある3階建ての雑居ビルの階段を一段ずつ、ゆっくりと登っていきました。

面接を受ける会社がある2階に着いて、ドアの前で深呼吸。ノックを2回して「どうぞ～」という声が聞こえると、僕は大きな声で「失礼しますっ!!」と言いながらドアを開けました。

所狭しと事務机が並んでいて、全体が見渡せるオフィスの一番奥の席に座っている、

ニコニコしたおじさんが、こちらを向いて声をかけてくれました。

「キミが古屋くんね？　待っておりました。どうぞ、こちらに」

西村さんはそう言うと、間仕切り1枚で仕切られた、応接セットのある一角を指差し、そこに座るよう促してくれました。僕は形式的な挨拶を済ませ、履歴書を手渡しました。

しばらくの沈黙。この瞬間が一番緊張します。担当の西村さんは、黙ったまま履歴書を眺めていました。

履歴書をひと通り見終わったようで、テーブルに置き、僕に質問をはじめました。

「車は持ってますか？」

「え？　あ、はい。持ってます」

「あ、そう。豊丸さんで車売ってたんですもんね。どうです？　売れましたか？」

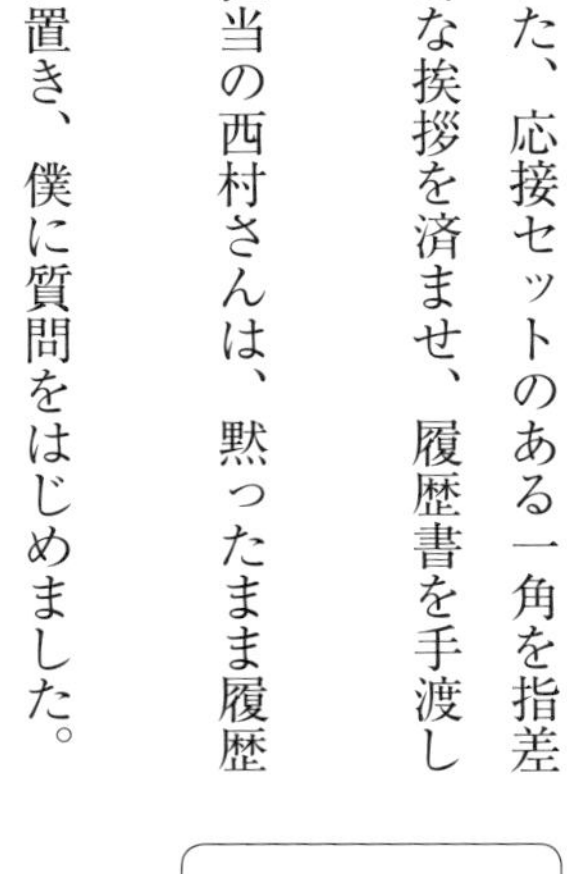
採用コストは、1人50万近くかかると言われることがあるぞ。ただこの会社はそこまでかけていなさそうだが

「はい。新人賞をとりました！（ドヤ顔）」

「そうですか〜！　ナイスですね〜！　うちはねぇ〜。中学生向けの学習教材を扱っている会社なんですよ。ちょっと見てくれるぅ〜♡」

「あ、はい」

「ね、こっちが実際に中学校で使っている教科書。そして、これがうちの教材。ね？　まったく同じ文章が載っていて、そこに解答や解説が入っているでしょ？　これがね、うちの会社のすごいところなのよぉ〜♡」

「え？　教科書の解答が載っている教材ということですか？」

「そうそう！　そうなの！　これはね、著作権っていうのがあるから、ふつうは真似できないところなのよぉ〜♡」

「そうなんですか」

西村さんは、なぜか説明するときに、オネェ言葉になっていました。ただ、その説明する姿が一生懸命なので、僕は、ときどき吹き出しそうになるのをこらえながら、熱心に聞いている様子を装いました。

オネェ言葉が気になってしまい、頭に入らないですね

話を聞いて、僕は元営業マンとしてのカンからか、教科書の解答や解説が載っているというのは、商品として、ものすごいアドバンテージだと思いました。

¥ 売上を上げれば上げるだけ、給料が増える！

商品のよさは、営業する際、一番大切になってくる部分です。これは自動車の営業をしていたときも感じていたので、扱っている商品に関しては納得しました。

ただ、いつまでたっても、商品の説明が終わらないので、給与体系などの話を少し切り出してみようと思いました。

「すみません。ところで、西村さん。初任給や給与体系なども詳しくおうかがいしたいのですが……」

「あ〜。そうだったね〜。その話をしなくちゃいけなかったね〜。ごめん、ごめーん♡」

元営業マンのカンって、すぐ辞めたくせに

やっぱりお金のことが気になっているわけですね

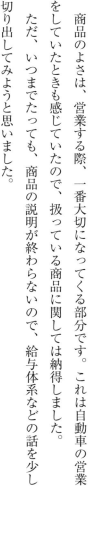

西村さんは照れ笑いをしながら、そんな自分に1人でウケていました。西村さんは給与体系について、紙に書きながら、丁寧に説明をしてくれました。

「まずね。うちの給料は、がんばったらがんばっただけ増えるしくみになっていてね。売上の20％が古屋くんの給料になります。200万円売ったら、40万円。300万円売ったら、60万円。500万円売ったら、100万円。わかりやすいでしょ♡」

「がんばれば、1年目でもそんなに給料を増やすことができるんですか？」

「そうそう！　理解が早い！　ナイスですね〜。いくらもらえるかは、古屋くんがどれだけがんばったかです。だから、やりがいがあるの♡」

「しくみは理解できました。ありがとうございます」

「もうね、好きなように仕事進めていいからね。そして、稼ぎたいだけ稼げばいいから。好きなようにやっていいんだからね！　ね♡」

念押しをするような「ね！　ね♡」という語尾が気になったけれど、オネェ言葉で

歩合制はもともと固定給である給料を変動費化する作戦なんだけど

結果が出なかったらどうなるかまで考えてなかったです

ニコニコしながら言われると憎めないものです。

が、次の瞬間、西村さんは急に真面目な顔になり、こう言いました。

「古屋くん、うちの会社に入りますか？　入りませんか？」

決断を迫るような感じだったので、ちょっとびっくりしました。

面接したその日に、入社する心の準備まではできていなかったので、「1日だけ考えさせていただいてもいいですか？」と、あらためてこちらから連絡をすることにしました。

「では、明日。社長の西村まで、電話してくださいね。待ってますから」

え!!　社長だったんだ!!　僕は驚きを隠せませんでしたが、かまわず西村さんは続けます。

採用にかかるコストも投資のひとつ。決断を迫る気持ちはわからないでもない

入社してもらえないと、お金をかけた意味がなくなってしまいますもんね

「古屋くんがうちの会社に来ることになったら、私がね、売り方を教えてあげるから！　安心してね♡」

西村さんは、ニコニコして、すでにオネェ言葉に戻っていました。そして、横から女性社員がこちらにやって来て、「社長は、伝説のトップセールスでしたからねぇ〜。すごかったんですものね！　社長!!」と言いました。

あれ、この女性の声、電話で最初に出た人の声だ。それにしても、西村さんは社長なんだ。そしてトップセールスマンだったんだ。そんなオーラがまったくないのに、すごかったんだ。

いやあ、わからないものだなあと思いながらも、お礼を伝え、その会社をあとにしました。

もしかしたら、この会社ならどんどん稼げるかもしれない。それにしても、「歩合制で売上の20%ってすごい」と興奮しました。５００万円売ると１００万円です。

豊丸自動車の販売会社時代、僕は営業マンとして毎月コンスタントに500万円以上は売り上げていました。だから、「今度はいきなり月収100万円も夢じゃない！」。そう思いました。僕はすぐにお金持ちになれるんじゃないか！

期待を胸に次の日、僕は西村社長に電話を入れ、正式に働かせていただくことを決めました。歩合制って最高!!

今は、まったく聞く耳を持ってないですね

がんばっても売れません
～会社のブランド力にはお金がかかっている～

¥ 伝説の営業マンの神業《かみわざ》

　入社したその日にいきなり、西村社長から「古屋くん！　飛び込みに行くよ♡」と、声をかけられました。

「飛び込み」とは、いわゆるアポなし訪問のことで、豊丸自動車の販売会社の営業マン時代と同じです。伝説の営業マンから直にレクチャーしてもらえるなんて、これはありがたいお誘いだと、ワクワクしながら出かけました。

　出かけるにあたっては、住宅地図（1990年代後半はまだ「個人情報保護法」もなく、その地域の個人宅までを網羅した詳細な地図がありました。1軒ずつに世帯主

昔は飛び込みという方法が、訪問販売の主流だった

の名前が入っている）に、売り込みをする対象となる人たちが列挙されている名簿の住所を見ながら、丸印をつけておきます。そのほうが、地図を見ながらどんどん訪問することができるからです。営業マンならではの下準備ですね。

さて、訪問スタート。西村社長は「ピンポーン♪」とチャイムを鳴らします。

「……」。不在。その後、別のお宅を訪問してみるも不在。

西村社長は、気にせずさっさと次のお宅に向かいます。一緒に歩いていて思ったのが、西村社長は歩くのがめちゃくちゃ速い。プータロー時代に読んだ自己啓発本『デキる営業マンは歩くのが速い』を思い出しました。

何軒目かの訪問でドアが開きました。すると、西村社長はすかさず玄関のドアが閉まらないように足を入れ、ドアの中へ体半分を軽く入れたのです。

すごい！　すごすぎる!!　動きが自然な上に、お客さんとの距離感のつかみ方もさりげなさすぎる。

そして、西村社長はニコニコしながら話しはじめました。

今の時代にやったら、間違いなく通報されますね

「教科書会社のほうから来たんですけどね～。○○くんのお母さんですよね？あのね、○○くん、来年○○中にご入学されるじゃないですか。そこで使う英語の教科書持って来たんですよ～」

正確にはうちの会社は、教科書会社ではないのですが、「教科書会社の〝ほう〟から来ました」と言っているので、嘘ではありません。僕はぎりぎりの線を突くすごい言い方だと思いました。

豊丸自動車の販売会社時代は、こんなこと言わなくても、「豊丸自動車の～」と言えば、それで済みましたが、「この業界は、こんな感じで説明するのか!!」と驚きでした。

ドアを開けてくれたお母さんは、最初は怪訝そうな顔をしていましたが、「まあ、見るだけなら……」と言いながら英語の学習教材を手に取り、目をやりました。

最終的には、このお宅では売れませんでしたが、教材の飛び込み営業のコツを目の

ははは！　昔あったな、こういうの

今でも一部ではあるみたいですよ

前で実演してくれたおかげで、とても勉強になりました。

その後、２時間ほど西村社長と飛び込み営業を繰り返し、その日は会社に戻りました。

¥ まいったネ今夜

会社に戻ると、西村社長は「ちょっと反省会やろうね♡」と言って、ソファーに座りながら、「どうだった～？」と僕に聞いてきました。

「社長。豊丸自動車の販売会社のころと比べると、まったく相手にしてもらえない感じがしました」

「そっかそっか～。豊丸自動車は何億円もかけてテレビＣＭ流したりしているから、有名だもんね～」

「そうなんですよ。ＣＭとか流せば、もっと楽に売れるんじゃないでしょうか？」

どうしても前の会社と比べてしまうんですね

「バカねぇ。そんなお金どこから出すの？」

「これを機会に出してみたらどうでしょうか？」

「あははは。それもいいわね。でも、あなたの給料も、すごい減ることになるけどいい？」

「え？　なんで会社がＣＭを流すと、僕の給料が減ることになるんですか？」

「うちは広告費にお金をかけていないぶん、そのお金を給料に反映してるのよ♡」

「それってどういうことですか？」

「あのね、豊丸自動車の販売会社にいたとき、車を売っても歩合は、ほとんどつかなかったでしょ？」

「はい」

「それは、車1台に対する利益がたくさんあっても、広告費にもたくさん回しているからなのよ。そのぶん、売りやすくなるわけね。うちの場合は、広告費をかけないぶん、売った人に還元するわけ。わかる？」

「はあ。なんとなく……」

たしかにそういうお金って、現場の社員からは見えにくいですよね

「じゃ、古屋くん！ 明日から1人で回ってみようね♡」

そうして、僕はたった一度の実演研修（？）後、翌日から１人で飛び込み営業することになりました。

が、１人で飛び込み営業をはじめてみたけれど、成果の出ない日が何日も続きました。エリアを変えてみたり、あれこれやってみましたが、まったく売れない……。何十軒と訪問するのですが、僕の場合、まずドアを開けてもらうことすら難しいのです。やっとドアが開いたと思っても、一瞬で断られてしまいます。完全にお母さんたちは僕を怪しむ目でジロッと見て、ボソッと「けっこうです」と。ドアを閉めたあと、カギがかかる音が……。西村社長が訪問先のドアに足をスルリと入れるテクニックも、「教科書会社のほう」というセリフも使うことができず。

僕は家に帰る途中、「いや～。まいったな……」と苦笑いしながら、思わず独り言を言っていました。いや、正確には「まいった」どころではなく、暗く沈んでいました。

会社の「信用」や「ブランド」はお金や時間をかけて、つくりあげるものだからな

辞めたあと、豊丸自動車の社会的信用に気づきました

何度目かのアポイントではじめての契約～会社は社員に先行投資をしている～

¥ 24時間、戦えますか？

断られ続ける日々が延々と続き、いつしか2か月ほどが経っていました。まったく結果が出せない僕を見て、西村社長は何かを考えついたらしく、出社した僕を呼び出しました。

「古屋くん！　研修に行ってこない♡」

「えっ、また同行してくださるんですか？」

「ううん。じつはね、メーカーのほうで、しばらく面倒を見てくれるっていう

本人はイヤイヤなことも多いが、社員研修ってけっこうお金がかかるものなんだ

のよ。だから、行ってみようよ♡」

「あっ、はい……」

「研修」って聞いたから、てっきり今日は西村社長と一緒に回るものかと思ったら、そういうことか。社長の顔を見るかぎり、行かせる気満々だし、まあ、こりゃしょうがない。行くしかないかな。

と軽い気持ちで「行きます！」と言ったはいいものの、じつは泊まり込みで、しかも数か月も地獄の特訓みたいな環境に置かれるとは……。このときは、そんなこと思いもしていませんでした。

僕の研修場所は、神奈川県の厚木市という、田舎の中の都会と言ったようなところにある、雑居ビルの2階から4階の3フロアに入っている教材メーカーのグループ会社でした。

研修を卒業する条件は「1件の契約をとること」。ぶっちゃけ、楽勝だと思っていたんです。

かなりスパルタっぽい研修でしたけど、どの会社も「できない社員」を置いておくほど余裕はないんですもんねえ

とにもかくにも、郷に入っては郷に従えなので、そこでのやり方を教えてもらうことになりました。まず「テレアポ」と呼ばれる、電話でお客様と約束をとりつける作業をする「テレアポ部隊」に、いったん配属されました。

「部隊」と僕が呼んでいるのは、まさに軍隊そのものの上下関係や、厳しさが、そこにはあったからです。

「テレアポ部隊」は自分でアポイントをとり、自分で販売しに行くというようなスタイルでした。早い話が、飛び込みとか、そんな非効率なことはせず、電話である程度売れそうなところまで話を詰めてしまい、あとはいわゆるクロージングをしに出かける、というものです。

しかし、自分のアポをとっても、外に出るためには営業トークを覚える必要があり、ぎっしりと文字が詰まっているA４のプリントが、なんと36枚。それを丸暗記せよというのです。

どう考えても覚えきれる気がしないのですが、「それができるまでは、営業には出てはいけない」というルールでしたので、やるしかありませんでした。

寝泊まりする場所は、その運営会社の寮です。寮というと聞こえはいいですが、マ

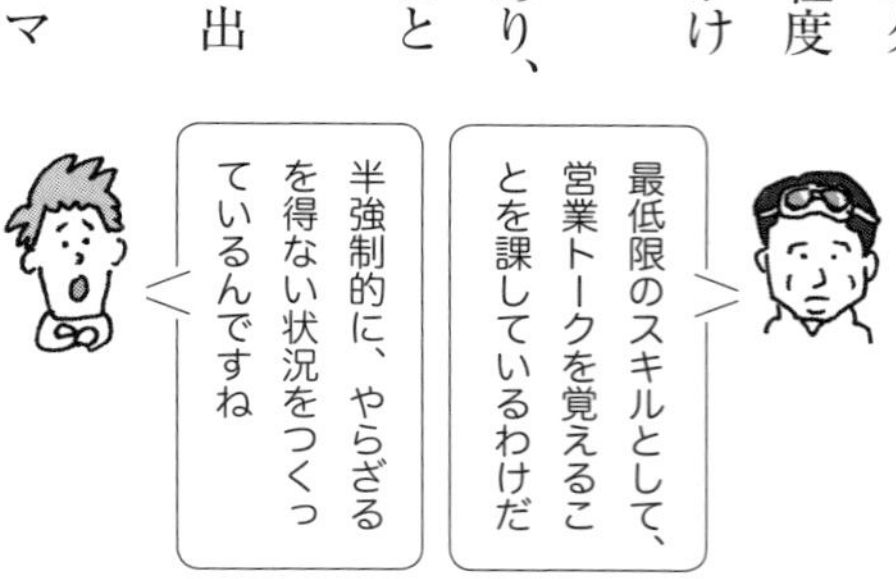
最低限のスキルとして、営業トークを覚えることを課しているわけだ
半強制的に、やらざるを得ない状況をつくっているんですね

ンションの1室に8人くらいが二段ベッドで寝泊まりするような、いわゆるタコ部屋。「早くこの状況から抜け出したければ、結果を出せ」と言わんばかりの状況です。

テレアポ自体の腕は、日に日に上がってくるのですが、暗記が苦手な僕は、どうにもこうにも36ページの営業トークを覚えることができません。

そして、先輩に同行させてもらって、「デモ（いわゆる商談のことをこう呼んでいた）」を後ろから見せてもらったときに、どの先輩も、トークを一字一句、すべて覚えているのに驚きました。

朝10時から夜20時までが定時で、帰ってからトークの練習を深夜2時ごろまで行う日々が続きました。まだ20代前半だったので、体力的には問題なかったのですが、精神的にかなりきつかったです。今思い返すと、まさにブラック企業そのもので、途中で辞めていくタコ部屋仲間も数人いました。

今の時代にこれをやったら、「ブラック企業」と呼ばれるな

¥ ダンシング・ヒーロー

「1件の契約なんて、すぐだ」と思ったものの、結果が出せないまま3か月ほど経ってしまいました。しかし、そのころにはトークもほぼ覚えることができていたし、テレアポの腕前も相当上がっていたので、「もう自分の会社に戻っていいよ」ということで、研修はそこであっけなく終了となりました。

僕としては、「あぁ、やっと帰れる……」と、地獄のような研修の日々から解放され、ほっと胸をなでおろしました。

研修から戻ると、1枚のメモが。

「売ろう売ろうと必死すぎると、お客様は引くよ」

最初は、この謎の自己啓発メモが置かれる怪奇現象は気味が悪かったのですが、しだいに「最近、こないな……」くらいに思うようになっていました。

みんな押し売りで買いたいと思わないからな。「自分だったら、どんなときにお金を払おうと思うか」を考えれば、おのずと結果はついてくる

それは一理あると、研修で学んだトークを実戦で活かすのと同時に、売ろう売ろうとあせるのではなく、目の前のお客様の悩みにしっかりと向き合うことに努めました。すると、何度目かのアポイントで、研修ではとることができなかった、ひとつ目の契約をとることができたんです！

「心が躍る」とは、まさにこのような状態です。僕はウキウキした気分を隠せず、ちょっとドヤ顔で会社に戻って報告すると、社内全員が拍手で迎えてくれました。できることはすべてやって、文字通り「死力を尽くした」ような状態だったので、とてもうれしかったです。

これはあとから聞いた話ですが、あの超ブラックな研修は、けっこうなお金がかかっていたとのこと。そして、その間は、会社から少しばかりですが、生活費として、給料のようなものが振り込まれていました。

驚いた僕は、社長に聞きました。

「社長！　あの研修って無料ではなかったんですか!?」

「そうよ♡」

お客様はお金と商品やサービスの価値の交換をしていることを忘れずにいてほしい

「どうして僕にそこまでしてくれたんですか？」
「まぁ、あなた、やる気だけはあるしね。先行投資よ♡」
「えっ……。あっ、ありがとうございます！」
「その代わり、がんばって会社を儲けさせてちょうだいね♡　けっこうお金出したんだからね♡」

「はい！　がんばります!!」
「ま、会社なんてものはね、人に投資して、人が育って、恩返しを待っているようなものなのよ」

「恩返ししますので、待っていてください！」
「私、短気だからね。早めに頼むわよ」

結果が出ない人間の能力アップのためにも、会社はお金を使っているのだなあ、と僕はこれまで知らなかった会社の側面を垣間見ました。

研修をうけられるのも会社が研修費用を払っているから。もう少しお金の流れを考えるべきですね

この社長の言葉は、会社が社員にお金を投資する理由をズバリと突いているな

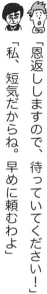

もっと給料を上げてもらうには、どうすればいいんですか？

￥ 給料は見た目の条件だけではわからない

ある日、喫煙所で僕がタバコを吸っていると、若手社員が２人やって来て、次のような話をしていました。

若手社員Ａ「Ｇ社の歩合って知ってる？」
若手社員Ｂ「いや」
若手社員Ａ「35％らしいよ」
若手社員Ｂ「え！　ウチよりも、かなりいいじゃん！」

社内の噂話は、あてにならないことが多いんですけどね

この話に、僕の心もザワついて、いてもたってもいられず、社長のところに行きました。

「社長、ほかの会社に比べて、うちの会社の歩合って少ないみたいなんです！」

「えっ？　そう？」

社長は、ちょっとしらばっくれているように見えました。

「そうですよ。G社は歩合が35％だそうですよ」

「あ～。あそこねー。G社の教材、売りやすいと思う？」

「えっ、うちの教材に比べたら売りにくいかもしれません……」

「そうでしょう？　ウチのほうが売りやすいってのはさ、つくるときに原価がかかっているからねぇ」

「それだから、ウチの歩合は少ないんですか？」

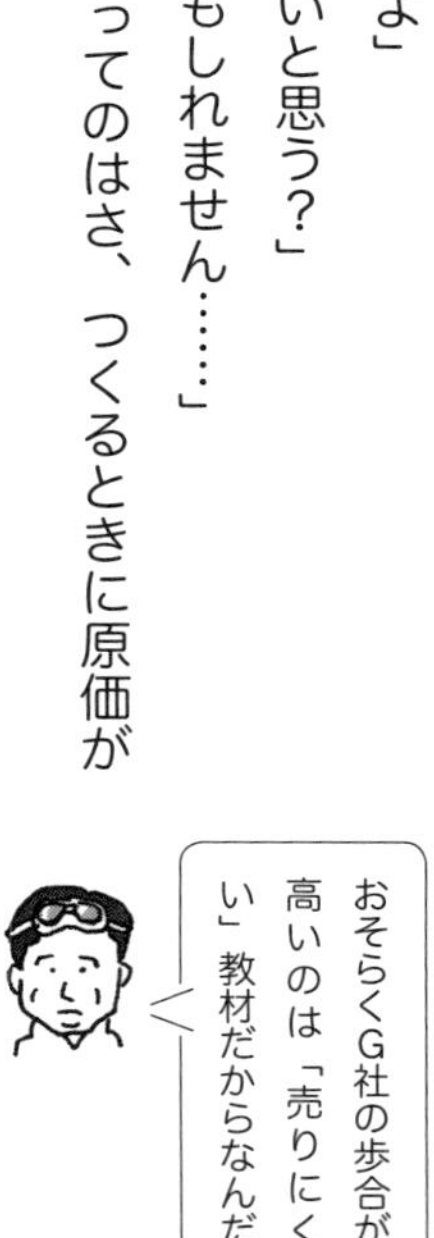
おそらくG社の歩合が高いのは「売りにくい」教材だからなんだ

「ちょっとちょっと。少なくはないわよ！　仕入れ値を考えたらウチなんて多いほうよ」

「じゃあ、歩合は上げられないですかね？」

「そうね〜。30％出せる教材あるけど、それ売る？」

「ちょっと見せてもらっていいですか？」

「待ってて。今持ってきてあげる」


社長が別の会社の教材を持ってきてくれたので、見せてもらいました。率直な感想を言うと、アピールする材料が少ない割に値段が高いので売りにくい……。でも、仕入れ値が今販売しているものより安いんだそうです。だから、歩合も上げることができるそうです。

でも、これに切り替えて売れなくなっても嫌だし、いくら仕入れ値が安い教材とはいえ、売上が立たなくなったら、結果的に給料は下がってしまいます。

僕はしかたなくというか、自分で選択したのですが、今販売している教材を売り続けたほうがいいという結論をその場で出しました。

単純に、他社との表面的な数字だけで比べられないですね

モノによってコスト構造が違うわけだ

自分の机に戻るとメモが……。

「給料は他社と比べるものではないよ。その会社のビジネスモデルや財務状況によっても変わるものだよ」

「この自己啓発メモ。相変わらず偉そうで、これってよくある建前論みたいだな」と思え、今回もあんまりピンときません。だから、どこかにポイ。

¥ 会社が儲かっていそうでも、給料が上がらない理由

その翌日、他社の歩合の話をきっかけに、前から思っていたことを西村社長に「もっと給料上げるためにはどうしたらいいですか?」とストレートに質問しました。すると西村社長は、こう言いました。

また捨てた！　目の前で小一時間説教したくなる！

ははは。自分に自分で説教をするのか？

「そりゃあ、もっと売るしかないでしょう。給料ってさー、どこから出てると思う？」

「はい。自分たちが販売した売上から出ていると思います」

「間違いじゃないんだけどね。ちょっと違うの」

「え？　どういう意味ですか？」

「会社ってね、売上が上がっても、いろいろ支払わなきゃならないの。人件費や経費っていうのがあるわけ」

「なんとなくわかります」

「全部支払ったあとに、残ったものが利益ね。そこから国に税金を納めるわけ」

「あっ、税金も払うんですね」

「そうそう。でもね、人件費とか経費とか全部払うと、利益が残らないこともあるのね。会社の経費の中には固定費っていうのがあって、アポインターさんたちの給料もそうだし、家賃とか光熱費とか、いっぱい払うものがあるの」

「う～む……」

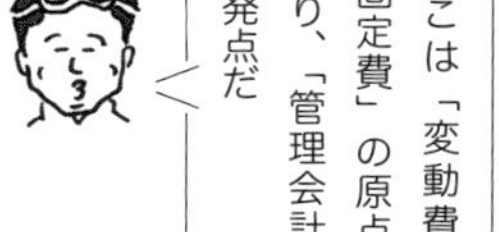
ここは「変動費」と「固定費」の原点。つまり、「管理会計」の出発点だ

「売上が少なくても、給料や歩合は支払うじゃない？　それらを支払ったあとに残ったお金で、やりくりするわけ。すると、売上が少ないときは、足りなくなったりするのよ」

「えー！　そうなんですか？」

「そうよ。売れない月とかあるでしょ？」

「あります……」

「そんなときは、出ていくお金のほうが多くなると会社は赤字になるの」

「そうしたら、どうやって家賃とか払っているんですか？」

「それはね、売上が多い月に貯めておいたお金で払うのよ」

「なるほど！」

「だから、簡単に言うとね。あんたたちの歩合を支払って、残ったお金から、いろんなものを支払っているでしょ？　簡単に歩合を上げていたら残るお金も減っちゃうでしょ？」

僕は西村社長の話を聞いて、何も言い返せませんでした。そして、昨日のメモに書

会社に資金が潤沢にあれば、給料も上げられるってことを、わかってなかったです

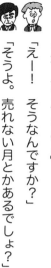

いてあったことを、そのまま言われたような状況でした。もしかして、今回のメモ、社長が？・？・？

「あのー、社長！」

「ん？　何？」

「もしかして昨日、僕の机にメモを置いたの、社長ですか？」

「え？　メモ？　なんの話？」

「あ、いや、なんでもないです」

あのメモ、やっぱり社長ではないみたいです。

会社に貢献したら、出世しました

¥　「会社のため」を考えはじめたら、いい感じになってきました

歩合制の会社に入って1年数か月。なんとなく僕もトップセールスと言えるような立場に近づいてきた気がします。

毎月の売上はコンスタントに３００万円を超え、年収で７００万円ほどと、20代前半のサラリーマンとしては、なかなかのものになっていました。

売上を上げていくなかで、僕はもっと効率的にできないかと考えるようになり、ある疑問が生まれました。そこで、社長をつかまえてストレートに聞いてみました。

「社長。ちょっとおうかがいしたいんですけど」

「何？」

「社長が一番売ってほしい商品ってどれなんですか？　会社が儲かるやつ」

会社を自分の居場所と
とらえられるかどうか
は大切だな

「そりゃー、英数国の3教科よー。だってねー。単価が違うでしょ？　でもさー、なんでそんなこと聞くの？」

「いやー、なんか最近、社長も機嫌いいし、会社がよくなると僕も毎日楽しいですもん」

「ナイスですね～！　ここだけの話だから、まだだれにも言ってほしくないんだけど、じつは来月、あんたを主任に昇格させようと思っているの♡」

「え！　ほんとですか!!」

「でね、主任になったら、クリアしてほしい条件があるの。抜擢で昇格すると、まわりからのやっかみも買う。だから、だれが見てもふさわしいって思われなくちゃダメなの！」

「ただがんばっているだけじゃダメってことですか？」

これは「セグメント」と言って、商品別に売上や利益を見る行為だ

昇格も会社からの「感謝」を表すひとつなんですね

¥「出世する人」に求められる大事なこと

僕は西村社長が言っていることがよくわからず、首をひねっていました。すると、

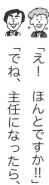

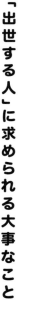

西村社長はそんな僕の気持ちを察知したらしく、次のように言いました。

「がんばることはもちろんだけど、きちんと結果を出して、まわりに認められることが大事」

「認められるって、どういうことですか？」

「そうね。単純に言うとね、まわりからすごいと思われること。そのためのひとつは、会社の利益に貢献すること。そしてまわりから、『ありがとう』と言われること」

「うーん。会社の利益に貢献することはわかるんですが、何で『ありがとう』と言われないといけないんですか？　結果を出すだけじゃダメなんでしょうか？」

「うん。ダメなの。まわりから感謝されている人が出世するとね、まわりはいっそうあなたに協力してくれて、さらに結果を出せるようになるから」

「言われてみれば、嫌われている人が出世しても、みんな面白くないですよね」

会社もチームだから、
感謝の気持ちでチーム
ワークを高めないと

「ね、そうでしょ。『結果（を出す）』と『感謝（をされる）』はセットで大事なの♡」

「わっかりました！　がんばります！」

トップセールスなのに役職なし。これが今までの僕の状況でした。

うちの会社には営業に出ている上司がいて、専務や部長も第一線で営業に出ているんです。専務や部長も昔はウルトラスーパーセールスマンだったという話を聞いていましたが、ここのところは鳴かず飛ばずのそこそこの売上。昔の売り方が通用しなくなってしまったんだと思いますが、僕のほうが売上が断然いいんです。

その状況を見かねてか、僕を昇格させてくれるという話です。そりゃ、飛び上がるほどうれしかったです。でも、同僚や先輩をはじめ、まわりからどうすれば「ありがとう」って言われるんだろう？

その返事、ちょっと不安なんだけど……

お金以外の指標がひとつできたわけだが。拝金主義から脱出できるだろうか？

「僕の稼ぎでみんなを養っているんだ」という錯覚　～損益分岐点売上を超えないと会社にお金は残らない～

￥　ロンリーチャップリン

役職のついた僕は、ますます仕事に熱中し、売上を上げ続けました。契約率も、もちろんトップで、セールストークに関してもお手本とされるような立場になっていました。

が、役職がついたことで、僕は自分でも気づかぬうちに天狗になってしまっていたようです。

ぶっちゃけ、僕以外の営業マンは、さほど売上を上げているわけでもありません。

会社の売上の半分が僕の売上、というような月も少なくないような状況です。

営業がメインの会社は、「売れていることが正義」というような世界観が少なからずあるので、僕よりも役職が上の人も、僕の顔色をうかがいながら話しかけてきました。

「自分がこの会社を支えている！」という責任感と満足感くらいならよかったのですが、「僕の稼ぎでみんなを養っているんだ」という自負が生まれていました。

そうして、僕は自分でも気づかないうちに、「僕が正義であり、僕が正解」「I am the law.（私が法律です）」と言わんばかりに、主義主張を社内で繰り返すようになっていました。それを見かねた社長が僕を呼び出しました。

「古屋くん、ちょっといい〜？」

「はい。社長、なんですか？」

「あんたさ、最近変わったわよね〜」

「ありがとうございます！　バリバリがんばってます!!」

「違うわよ。いい意味じゃなくて、悪い意味で変わったってことよ」

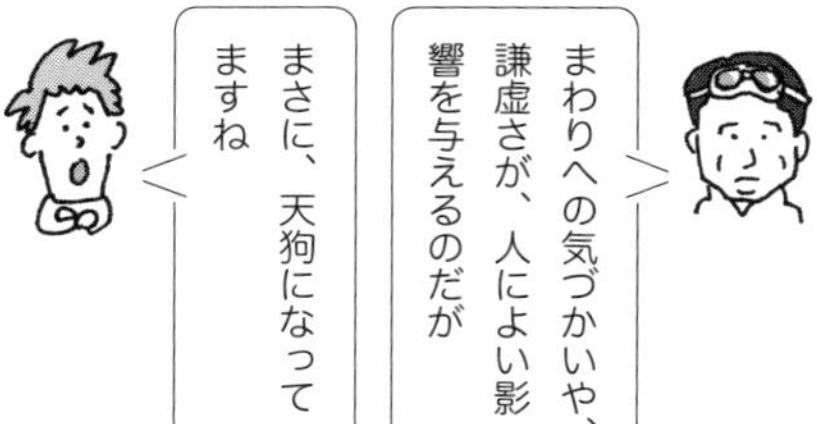
まわりへの気づかいや、謙虚さが、人によい影響を与えるのだが
まさに、天狗になってますね

「え？　え？　悪い意味？　めっちゃがんばってますよ！　僕、めちゃくちゃがんばって、売上を上げて、会社にも貢献してますよね？」

「まったく！　私、なんて言った？　主任にするって話したときなんて言った？」

「まわりからすごいって言われて、結果を出すことです！」

「ひとつ抜けてるわよ」

「え？　なんでしたっけ。えっと……」

「まわりから『ありがとう』って感謝されること！」

「あ、それもありましたっけ……」

「『ありがとう』って言われるようなことしてる？」

「はい。やってます‼　会社の売上が上がるようにめちゃくちゃ売って、みんなから『ありがとう』と言われるようにがんばってます。もっと言えば、僕がみんなを養うくらいの気持ちでやってます‼」

「はぁ？　あんたそんなふうに考えてたの？　あまちゃんのクソガキもいいところよ！　あんた1人がいくらがんばっても、会社はそれじゃダメなの！」

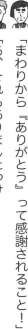

「ほかの人たちが、あんまりやる気がないなか、僕はがんばっていて何がいけないんですか？」

「あんたがね、謙虚で黙々とがんばっていれば、みんなもあんたを応援するのよ。アポインターさんたちからも不満が出てるわよ。上からモノを言ってて、感じが悪いって。あんたは自分ではがんばってると思っているかもしれないけれど、上から目線がバレバレでみんなの士気は下がってるのよ。早い話が、まわりの嘲笑《ちょうしょう》に気づいていない寂しい独裁者のようなものよ！」

「え!?　僕はそんなふうに思われていたんですか？」

「灯台もと暗し」とは、まさにこのことです。僕は一気に自分がものすごくイタい人に思えてきました。

士気を上げようとまわりにハッパをかけたつもりが、逆効果だったんですね

ここが人生の分岐点だった

¥「会社の利益に必要な数字」は損益分岐点でわかる

社長は、自分が天狗になっていたことに気づかない僕に対して半ばあきれながらか、

「やれやれ、困った子ねえ」と子どもを扱うように、こう言いました。

「ところで、損益分岐点って聞いたことある？」

「それなんですか？」

「まあ、平たく言うと、会社の利益も損失もなくトントンの状態のこと」

「トントン？　パンダ？」

「違う違う！　まあ、いいや。あんたががんばってくれているのは認めるわよ。ほんと、ありがとね。でもね、全体で見たら、うちの会社はまだまだなワケ。損益分岐点売上を考えると、うちは利益が残るためには少なくとも毎月売上が800万円必要なのよ？　800万円、あんた1人で簡単に稼げるの？」

「え、いや……（無理です）」

「あんたはトップセールスになりつつあるかもしれないけどね、1人の力ってたかがしれてるの。年間の目標を達成するには、みんなが力を合わせて1億円以上の売上は必要なの。それに目標達成したときの喜びはね、1人で達成したときよりも、みんなで達成したときのほうが何倍もうれしいものよ」

損益分岐点とは、「粗利＝経費」の状態と言える

「そういうものなんですか……」

「そう。まだ経験したことないのね。あんた。かわいそうに。まずは天狗になってるその態度をあらためなさい！　そして、どうやったら、みんなから『ありがとう』って言われるか、よーく考えなさい」

社長が言っていることは、なんとなくわかるのですが、実際に僕が一番稼いでいるのに、それだけでは「甘い」とケチをつけられているようで、今ひとつ納得がいきません。

自分だけが儲かるよりも、みんなで儲けたほうが楽しい。まあ、たしかにそうだけど。でも、仕事って、楽しければいいわけじゃないし。そんな学校みたいなもんじゃないし。

いくら1人が結果を出しても、年間の目標を達成するにはみんなで力を合わせないとダメだったんですね

「早く行きたいなら、1人で行け。遠くに行きたいなら、みんなで行け」というアフリカのことわざがあるぞ

決算書で「ここだけは見ておくべきところ」

¥ 会社が生み出したお金が「営業利益」

出社したら、いきなり神妙な顔をした社長に呼ばれました。おそらく、この前の「損益分岐点」をはじめとした「会社のお金の話」の続きのような気がします。

「大切なことを話すわね。あんたにはいずれ、この会社をまかせたいと思っているの」

「へ!?」

「まず決算書くらい読めるようにならないとね。うちの会社の前期の決算書が上がってきたから、特別に見せるから、ちょっとこっちきて♡」

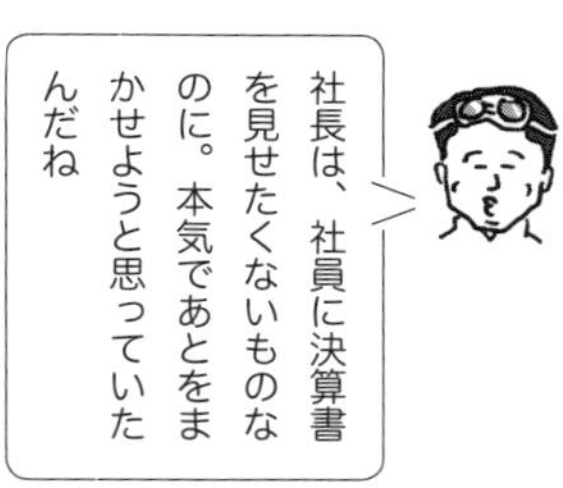
社長は、社員に決算書を見せたくないものなのに。本気であとをまかせようと思っていたんだね

「決算書って、名前は聞いたことがあるけれど、よくわからないんです？」

「う～ん、会社のお金の通知表みたいなものね。決算書には1年ぶん、お金を何に使ったか、売上がいくらだったか、お金に換金できるもの（資産）がどれくらいあるかとかね、そういうことが全部載ってるの♡」

「へえ～、面白そうですね」

「決算書から、いろんなことが見えてくるのよ♡」

と言って、社長は僕に決算書を見せました。

「うげ。数字がいっぱい並んでる……。これどうなっているんですか？」

「あははは。決算書を見るのがはじめてなら、それもそうよね。じゃあね、ここだけ見て。損益計算書の、この売上の部分」

「そ、損益なんとか？　あ、はい。いち・じゅう・ひゃく・せん・まん、1億！」

「そう、1億ね。で、次に見てほしいのが、『売上原価』と『販売費及び一般

決算書が読めると、「今、会社がどんな状態か」「どれくらい売上があれば、費用が下がれば、利益が出るか」もわかる。利益が出れば、給料が上がる可能性だって高くなる

「数字」が読めると年収がアップするって本当なんですか！

管理費』。これは、売上を稼ぐためにかかった経費のことよ」

「そうなんですね」

「これは、教材を仕入れた金額とか、あんたの歩合とかね、パートさんのお給料とか、ここの家賃とか、そういうものが入っているのよ。いくらになってる?」

「売上原価が3000万円、販売なんちゃらが6000万円ですね。合わせて9000万円」

「『売上』から、『売上原価』と『販売費及び一般管理費』を引くと、『営業利益』ってやつになるわけ。ここね」

「営業利益は1000万円ですね」

「ざっくり言うと、これが会社が生み出した、利益ってやつ」

¥ 会社に残ったお金は、すべて自分のものになるわけではない

西村社長の「決算書」の授業はまだまだ続きます。本音はついていくのがやっとで

営業利益がないと、会社がつぶれるかもしれないんだ

したが、社長がやる気満々なので、どうやら逃げ出すことはできなさそうです。

「ここから法人税っていう税金を納めて残ったお金が、会社に残るお金なのよ。さらに、消費税も納めるぶんを取っておかないと」

「この営業利益の1０００万円が全部手元にあるわけじゃないんですね」

「そう、あんたも所得税を納めてるでしょ？　それと同じように会社にも法人税という税金がかかるのよ。まあ、ざっと40％の税率だから、４００万円は国や自治体に納めるわけ」

「えっ！　そんなに！　ちょっとした年収と変わらない金額じゃないですか？」

「だから、払うことが決まっているお金は、ちゃんと使わずにとっておかなくちゃいけないのよ。派手に使っちゃダメなの」

「だから、社長は稼いでいてもベンツ買ったりしないで、古い車で我慢しているんですか？」

「そう。使っちゃうのは簡単だけどね、会社にちゃんとお金を残して、何があ

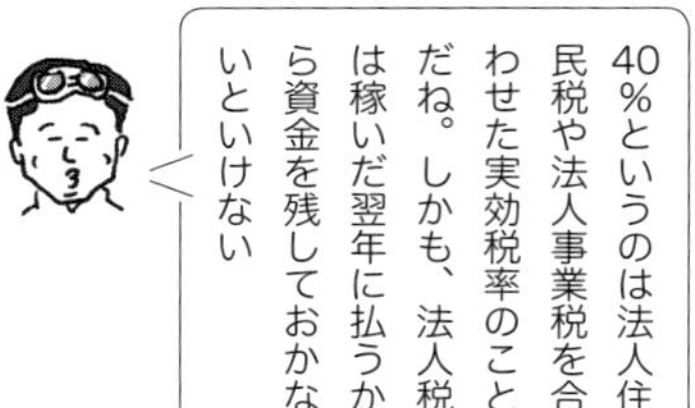
40％というのは法人住民税や法人事業税を合わせた実効税率のことだね。しかも、法人税は稼いだ翌年に払うから資金を残しておかないといけない

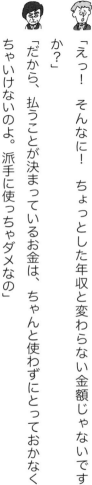

っても大丈夫な状態をつくらないとならないからね」

「そういうことなんだ……」

「そう。会社だって金づかいの荒さですぐに傾くものよ。利益が出ていないのに高級車を買っちゃうバカ社長と同じ。自分の欲望をコントロールできないがゆえに、いつの間にかお金がなくなっちゃうの。最終的には借金地獄にハマって、みんなに迷惑かけちゃうんだからね」

西村社長の「借金地獄」という言葉に、「まさかそんなことにはならないだろう」と思って聞いていました。

「決算書の話に戻るけど、損益計算書の『売上高』から『売上原価』『販売費及び一般管理費』を引くと、『営業利益』になる。ちょっと乱暴に言うと、そこだけ覚えておけばOKよ。あと法人税と消費税は払うものだから貯めておく。わかった？　これが会社経営の基本」

「はい」

その後、まさか自分が消費者金融から借り入れて食いつなぎ、見える景色もすべて灰色になるとは、このときの僕はまだ知る由もありません。このへんの話は『「数字」が読めると本当に儲かるんですか？』にもっと詳しく書いてあります

「じゃ、次、貸借対照表《たいしゃくたいしょうひょう》、行くわよ♡」

「えっ！　まだあるんですか……」

社長からの「いずれ会社をまかせたい」という話はものすごくうれしかったです。ただ、決算書の読み方の授業は「これだけは」というのをなんとか理解しながらも、ふだん見慣れていない数字や言葉ばかりで僕にはけっこうハードでした。

あきらめずに「数字」と向き合い続けてほしいなあ

まさか自宅が火事で全焼するとは

¥ 炎のランナー

今日は社長から「会社のお金の授業」をみっちりと受けたせいもあってか、いつもよりもどっと疲れが出て帰宅しました。が、バタンキューとすぐには寝ません。というのも、僕には最近、家に帰って楽しみにしていることがあるからです。当時、出回りはじめたインターネットについて、友人から教えてもらったのをきっかけに、ノートパソコンを買って、夜な夜なネットサーフィンをすることにハマってます。

今日は、はじめてチャットというものに参加してみました。そこには集まった人が、文字で会話をする場所があります。不慣れなキーボードを操作しながら、たわいもない世間話を楽しんでいました。

ちょうどインターネットが普及した90年代の後半だな

インターネットに夢中になっている過去の僕を、僕はベランダの窓越しにタバコに火をつけて一服しながら、ほほ笑ましく眺めていました。

「今日は西村社長に決算書について教わって、過去の僕も、少しはお金のことをわかってきたんじゃない？」

「メモもジワジワ効いているかもしれないな」

西村社長による半ば強引にですが、ようやくお金の話に耳を傾けるようになった過去の僕に対して、一縷《いちる》の望みが見えたことで、僕もドクもどこかこれまでの張りつめていた気持ちがふっとゆるみました。

「今日のところは帰りますか〜」

「そうだな。あっ、そうだ！　会計ドクターとして、キミにももっと会社の数字を教えておこう。エビ天でも食べながら利益についての話でもしようか」

僕とドクはゆっくりと、ジロリアン号へ戻って行きました。

深夜1時半ごろ、パチパチという小さな音が1階にある僕の隣の部屋から聞こえてきましたが、弟が何かやっているんだろうくらいに思っていました。

またしばらくすると、パチッパチという音が。気になって隣の部屋をのぞくと、あろうことか火が立ち上がっているではありませんか！

あまりの出来事に目を疑いながら、しばらく呆然としていました。ハッと我に帰り、よく見ると、外階段から2階に上がったところのゴミ箱が燃えています。あわてて消火器を探しにほかの部屋を見て回るも見つからず。とにかく寝ている母親を起こして、「外に逃げろ！　火事だ！」と僕は大声を上げて家の中を走り回りました。

火を消さなければと、燃えていた場所に戻ると、さらに火は大きくなっています。もはや消すこともできないほどの勢いで、部屋の中まで火が迫ってきていました。

1階の奥の部屋にいる弟に「おい！　逃げろっ！　火事だ！」と声をかけるも、外への出口は火の海になってしまい、弟は部屋から出ることができません。

なんとかしなくてはという気持ちもありながらも、1秒でも早く逃げ出さなければ、自分の命も危ないという状況です。

燃えているのは2階でしたので、弟は自力で部屋の窓から飛び降りて外に出て「火事だぞー！　逃げろー！」と近所の人にも聞こえるように大声で叫んでいました。

僕はもしも手元に何もなくなったとしても、なんらかの形でお金を稼ぐ方法を見つけなくてはいけないと思いました。すぐさま、テーブルの上にあったノートパソコンと、売ったらすぐに現金化できそうな一番高価なもので、趣味が高じて買った釣竿を手に、部屋から走って逃げました。

あっという間に火は広まり、外に出て家を見ると、火柱が上がるほど燃えています。

僕は泣き崩れる母親の肩を抱きながら、今後どうやって生きていくかを考えました。

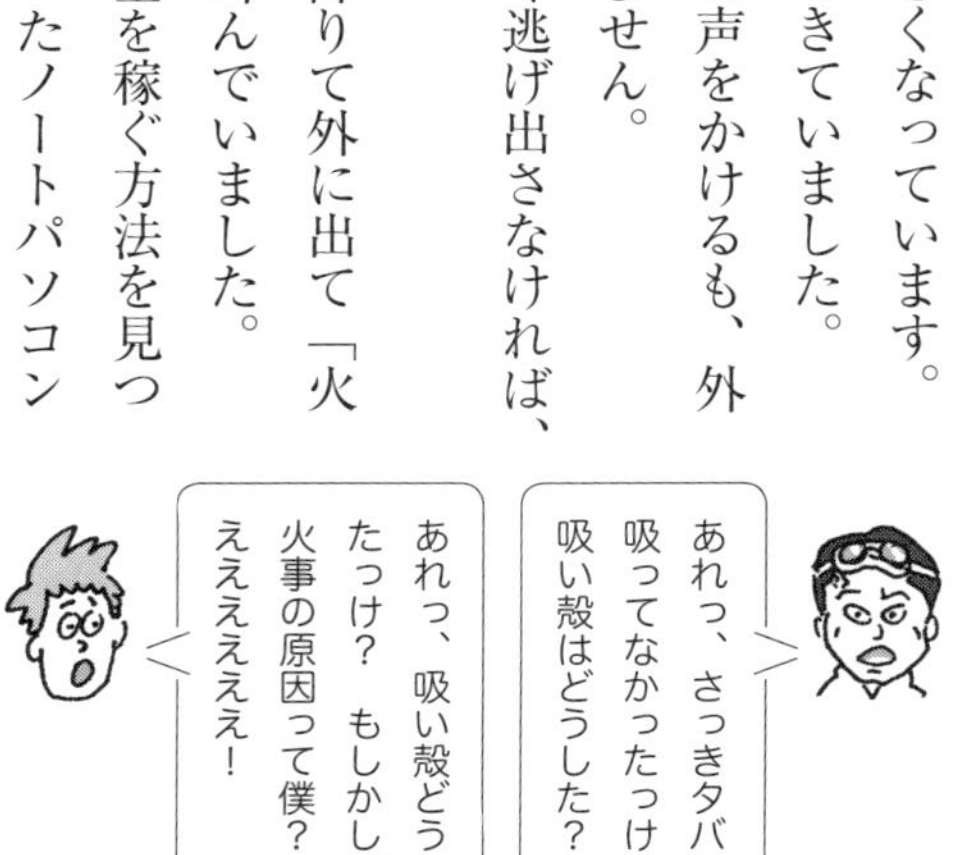
あれっ、さっきタバコ吸ってなかったっけ？吸い殻はどうした？
あれっ、吸い殻どうしたっけ？　もしかして火事の原因って僕？　えええええ！

￥ セント・エルモス・ファイヤー

しばらくして消防車がやって来て、数時間かかり火を消し止めてくれました。不幸中の幸いでケガ人などはなく、九死に一生を得ました。

火事というのはおそろしいもので、すべてを焼き尽くし奪っていきます。手元に残ったものはノートパソコンと釣竿、そして、家から離れた場所に停めてあった車、それだけです。

財布や携帯電話は部屋に置き去り、というよりも、逃げることに必死すぎて、とっさに手に取ったもの以外は、すべて燃えてしまいました。

手持ちの洋服は火事のときに着ていた寝巻きのスウェットだけ。着の身着のままとは、まさにこのことです。

その日の朝方まで、消防士の方が消火している様子を野次馬に囲まれながら見ていたので、眠ることはできませんでした。

ここまでひどいことになると、母親の心のケアや、弟のことも心配です。そんなとき、呆然と立ち尽くす僕を見つけた、幼なじみの友人のお母さんが「うちにおいで。

しばらくいていいからね」と言ってくれたおかげで、やっと眠りにつくことができました。

次の日、まず燃えた家のあと片づけや、免許証の再発行、銀行のキャッシュカードの再発行や、役所で各種の手続きなどを済ませました。スーツ1着すらない状態でしたので、まずは買いそろえるところからはじめないと……。

幸いなことに、火災保険に入っていたおかげで、お見舞金が振り込まれてきました。半焼と全焼では、補償される金額が大きく違うそうですが、全焼扱いとなり、保険金は満額がおりました。

保険金はとてもありがたかったのですが、古い家でしたので、新しい家を建てるには、まったく足りない金額です。そのお金を家族で分け、身の回りの最小限の必要なものを買いそろえていきました。

火事によってモノもお金もなくなっただけでなく、気持ちもひどく沈み、失ったものはあまりにも大きかったです。

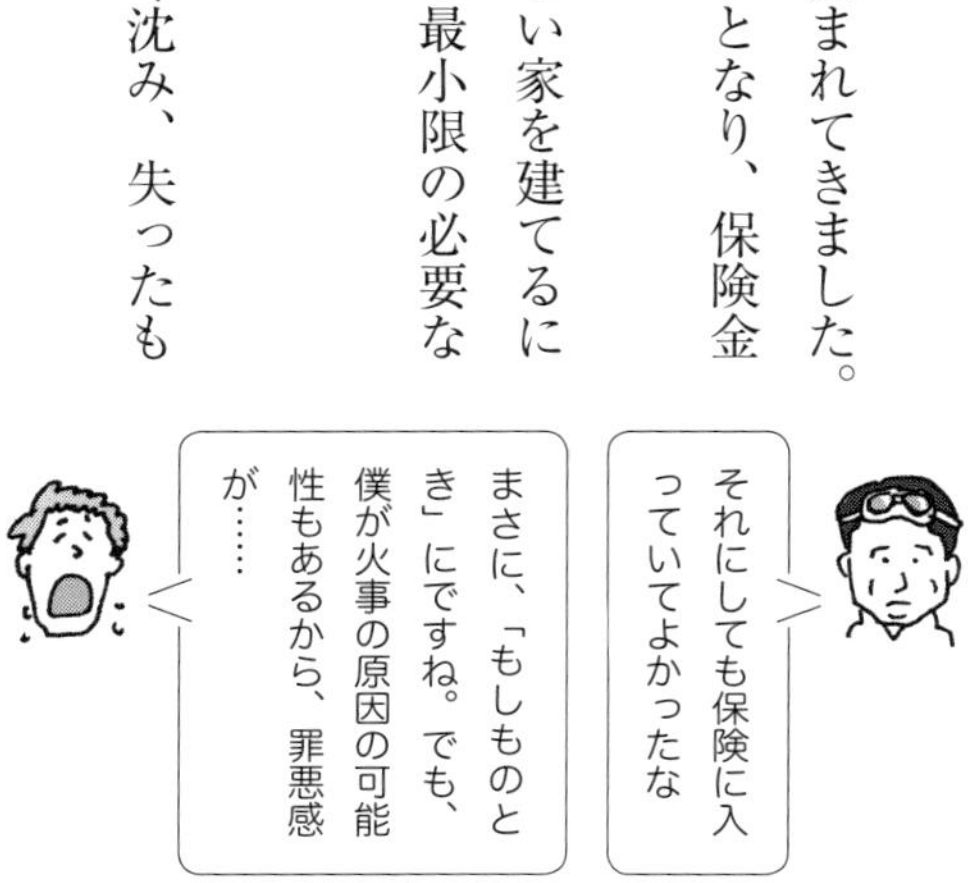
それにしても保険に入っていてよかったな
まさに、「もしものとき」にですね。でも、僕が火事の原因の可能性もあるから、罪悪感が……

この火事が、当時流行った映画『セント・エルモス・ファイヤー』のタイトルにもなっている、嵐のなか船乗りたちが道しるべとしたマストに灯《とも》る炎のように、せめて僕の進む道を照らしてくれる火だったら、少しは救われるのですが……。

すると、目の前にひらりとメモが落ちて来ました。

「家族は何よりも大切な宝物だよ」

そうだな。そうだよな……。こんなときこそ、家族が一番大切だよな。お金よりも何よりも……。

だれからのメモなのかは相変わらずわかりませんでしたが、僕はメモを握りしめながら、気づくと目にはうっすらと涙が……。涙をぬぐいながら、「前を向こう」と自分に言い聞かせました。

お金で買えないものがあることが、わかったんだな

第3章
落ちるところまで落ちたら、見えてくること

お金がないので借金をしました

￥ 悲しみは雪のように

ひとまず、燃えてしまった家を建て直さなくてはなりません。もともと親の名義だった家ですが、家族会議で僕の名義に切り替えて建てることが決まりました。地元の建築屋さんに相談して、家を建てることになりました。

僕自身は、賃貸のマンションでも借りて、土地は売ってしまえばいいのではないかと思っていたのですが、家族は家がほしいということでした。家族の意見を尊重してＯＫを出し、銀行に相談へ行くことに。

融資の審査もスムーズに通り、25年ローンを組み、３０００万円の借金を背負うことになりました。26歳のときでしたので、この瞬間、向こう25年間、50歳になるまでは家のローンを毎月十数万円支払うことになったんです。「家族のため」。そう思い覚悟しました。

ほとんどの場合、お金は過去につくった信用を換金しているようなものなんだ

仮住まいも決まり、会社へ出勤して、いつも通りの日常が少しずつ戻ってきました。「家のローンを返すべく、しっかり稼がないと」と気合を入れて、営業に行くのですが、なぜかうまく売ることができません。

何か、こう、あせっているような、頭がうまく回らないという感じで、思ったようにトークができないんです。時折、手が震えたり、声が出なくなったりします。また、いきなり理由もなくイライラしたりすることがあり、気持ちをうまくコントロールできなくなっていました。

そのことを、チャットで知り合った友人に相談したところ、「それ、うつ病じゃないか？」と言われました。「まさか自分がうつ病に？　それはないだろう」と心の中で思っていました。

その後、チャットで知り合った友人は、わざわざ仮住まいまで1冊の本を持って、お見舞いに来てくれました。

「うつ病じゃなければそれが一番いいんだけど、まずはこの本を一度読んでみて」と言うのです。その本には、うつ病に関しての症状などが書いてありました。まあ、も

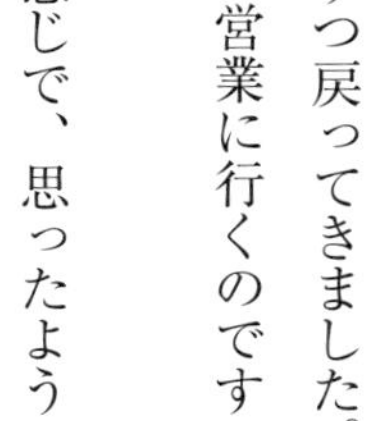

のは試しだから、読んでみるかと、本に目を通してみたところ、症状がピタリと当てはまるんです。

「うつ病？　そんなわけない！」。信じたくないのですが、正直、毎日が思うように運ばず、今までのように頭も回転せず、とてもイライラした毎日が続いていました。そして、それはとてもつらかったので、しだいに否定できなくなっている自分がいました。

紹介してもらった病院に行って検査をしてもらうと、診断はやはり「うつ病」。僕の人生もついにここまでか。がっくりと肩を落とし、深いため息をつきました。

¥ 負けないで

家が建ち、ローンの支払いがはじまりました。このとき、僕はトップセールスから脱落していて、さほど稼げている営業マンではなくなっていました。

だから、この支払いと、車のローンが重なってしまったことで、所有していた2台の車を手放すことに決めました。車は日常生活で必要なので、安い軽自動車を1台買

「世の中には幸も不幸もない。ただ、考え方ひとつだ」というシェイクスピアの言葉が身に染みます

うことにしました。

ふつうは、うつ病になった人は、仕事を休んで脳を休めることが最適と言われています。でも、僕の場合には家のローンを払わなければならないため、仕事を休んでゆっくりしていることなどはできず、薬を飲んでごまかしながら、少しでも売上を立てなくてはならない状況でした。

自分に負けそうになり、何もかもが嫌になることが多々ありましたが、借りたものは返さねばなりません。僕に休んでいる暇など、ひととき もありませんでした。

本来であれば休んだほうがよさそうだが。ここが踏ん張りどきだな

給料は安くても安定している会社VS稼げば稼ぐほど給料が上がる会社

¥ もしも明日が…。

僕の月の売上は１５０万円ほどになって、歩合制なので月収も40万円にいかなくなり、ピークのころの半分ほど。僕は営業マンとして、どんどん落ちぶれていきました。どうやら営業マンとしても終わりが見えてきたようです。今までのようにキレのあるトークがまったくできない精神状態になってしまったのですから、致し方ないですが……。

そうなってくると、人って勝手なものですね。「給料は安くても、安定している会社」がうらやましくなってくるんです。

給料の天井が見えてしまっている人生かもしれないけれど、かぎられた給料の中で

このへんで、「稼ぎ方」や「働き方」を考え直してほしいところだ

やりくりしながら生きていくのも悪くない。毎日毎日、売上目標と戦いながら生きていかなくても済むので、そっちのほうが楽かもしれないと。

たとえば、公務員や安定したふつうの会社に入れば、ものすごくお金持ちになることはないかもしれないけれど、ものすごく貧乏になることもないと思いました。生涯年収が決まっているのであれば、その中でやりくりすればいいだけです。

30代で家を買い、25年ローンをコツコツと返済して、子どもを授かり、高校や大学に行かせ、定年になったらのんびりと暮らす。ささやかな幸せを喜びながら、節約にも楽しさを見出し、たまの外食をありがたくいただく。そんなふつうの暮らしも悪くない。

会社から家に帰ると、机の上にメモがありました。もはや、いちいち気味悪がったり、不思議に思ったりするよりも、「今度はどんなことが書いてあるんだ?」という気持ちでした。

歩合制と定給制、どっちがいいかは、単純に比較できませんね

「稼ぐ額よりも大切なのは、どんなふうに働いて、どんなふうに稼ぐかだよ。キミはどんな稼ぎ方がしたい？」

稼ぎ方か？　今まで考えたこともなかったな。僕がこれまで考えていたのは、稼ぐ金額のことばかりでした。僕は、どんな稼ぎ方がしたいんだろう？

￥ 悲しみにさよなら

「稼ぎ方」という言葉が書かれたメモを見ながら、いろんな職業のことを考えていたら、ふと思ったんです。「ちょっと待てよ？」と。そもそも安定したふつうの会社なんて、この世の中に存在しないんじゃないだろうかと。

バブルのときには、土地神話がありました。土地は絶対に値下がりしない、そう言われていました。今はどうだ？　土地の値段は下がりに下がっています（２０００年ごろは土地の価格が暴落していた）。

銀行はつぶれない。だから、銀行に就職したら絶対安泰だと言われていました。今

稼ぐしくみに気づいたら、あとは価値観しだいなんだが
これは、いい気づきだ。どんな時代であれ、安定した会社なんて存在しない！

はどうだ？　あちこちの銀行が合併して、なんとか生き残ろうとしています。

そしてインターネットが登場して、僕はその魅力に引き込まれ、いろいろと検索したり、チャットを楽しんだりしました。ネット掲示板の「2ちゃんねる」では、いろいろな噂話を目にしました。

そんな流れのなか、じゃあ、うちの会社が取り扱っている学習教材は、時代の流れから見てどうなんだろうと思い、試しにヤフーで検索してみました。

すると、「だまされた」「押し売りされた」などの、かなりネガティブな評判が出てきたのです。さらに、ヤフーオークションで取り扱っている教材を検索すると、「子どもが使わなかったので」というコメントとともに、販売価格の10分の1くらいで出品されていました。

この現状を目の当たりにして、僕が売っている学習教材はいずれ売れなくなる、そしてこの業界も長くないことを感じました。

社長に「この会社をまかせたい」と言われたこともあり、「いずれ、この会社のトップになってやる！」と思っていましたが、その気持ちは世の中の流れと、最前線の営業マンから脱落した今の自分から、一気に崩れ去りました。

これもまた、転機のひとつ。人は迷いながら学びを深めていくもんなんだ

販売している商品を、信用できなくなったとしたら営業マンは終わりですね

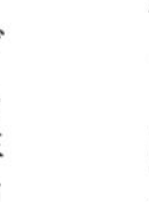

さらに、こんなふうにも思いました。「年功序列のいわゆる安定した会社に勤めて働いたとしたら、僕はそれで楽しいのか？」と自問自答してみました。

決まった給料をもらう仕事に満足できないからこそ、僕は新卒で豊丸自動車の販売会社に入社し、その後、歩合制の会社に転職したのです。

今さらふつうの会社に入り直しても、お金に不自由することなく、好きなものを好きなときに買えて自由気ままに生きるというのは、おそらく叶うことはないでしょう。

「僕はふつうじゃ満足できない」。ならば、もっと上を目指してみようじゃないか。今はうつ病のただのポンコツなのにです。「このまま終わるわけにはいかない」。心からそう思えた瞬間でした。

すべてに自分で責任を負うような、そんな稼ぎ方がしたい。すべてを自分が決める。そう、もちろん給料も自分で決めるんだ！　そんな仕事がしてみたい！

それを実現するにはただひとつ、独立するという選択肢でした。自分で会社を経営する！　これしかありません。リスクはもちろんあります。うまくいく保証も何もあ

会社を辞めるのは自由だけど、単なる「逃げ」や「現実逃避」にならなければいいのだが……

りません。でも、僕にとってはそれこそが、自分の居場所なんじゃないか。

さて、そうと決まれば何をするかを決めなくてはなりません。会社を辞めるタイミングも考えなくてはなりません。明日から忙しくなるぞ！　心の中がスカッと晴れたような気分になりました。こんな気持ちになれたのは、いつ以来だろう。

お先真っ暗だと思っていた僕の人生に、ひとすじの光が差し込んできた気がしました。

リスクをとるか、安定をとるか、というのは、これまで考えてこなかった選択肢ですね。ここから本当の人生がはじまる！

「自分の足で歩く」という生き方

¥ 自由への疾走《しっそう》

自分の会社をつくって独立しようと決めてからは、ワクワクの連続でした。

これで僕も、憧れの社長になれる！　そしてきっと社長は儲かる！　これで、大学時代に見返したかった彼らを見返すこともできるはずだ！

妄想が洪水のごとく僕の頭の中に流れ込んできます。そして、学生のころから追い求めていた「お・か・ね・も・ち」という優越感も味わうんだと、鼻息も荒くスタートを誓いました。

最初に考えたのが「何を売ろう？」ということです。

経営者は、すべてを自分で決められる自由があるので、何を売ろうが、いくらで売ろうが、どうやって売ろうが、だれにも何も言われません。

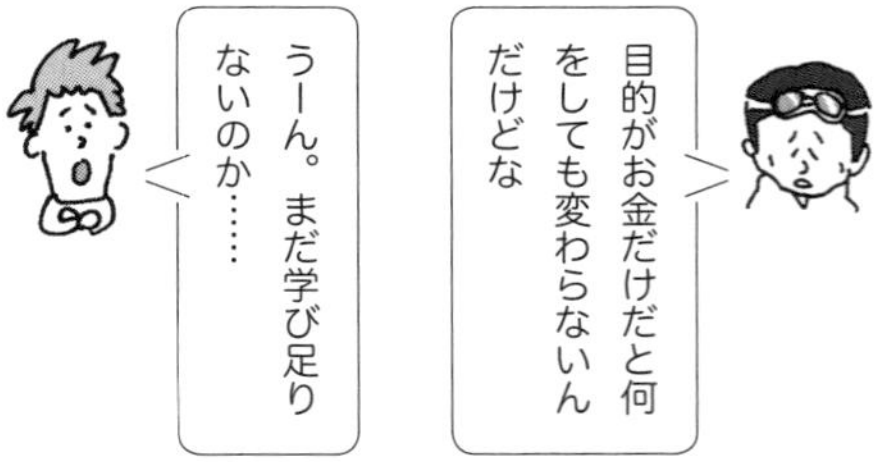
目的がお金だけだと何をしても変わらないんだけどな
うーん。まだ学び足りないのか……

ということは、経営者は自由に決められる反面、悩みも尽きないとも言えます。が、僕はまだあまりそういうこともわかっていなかったので、かなり楽観的でした。「宝くじ売り場に並んでいる人は、だれひとりとして、ハズレるなんて思っていない」というような心境に近いかもしれません。何を売ろうが、バカ売れすることしか考えていなかったので。

自分のお店をはじめて、将来的には全国展開！　そこで、まずは全国展開されていない業種を考えてみました。すると浮上してきたのが、自転車屋さんと花屋さんだったんです（当時は大手が参入していない業種でしたが、現在はいずれも全国展開の大手企業があります）。大手がやっていない、これら2つの業種のどちらかにしよう、そんなふうに考えました。

そして、たまたま幼なじみの先輩が茨城県で花屋をやっていたので、とりあえずいろいろと教えてもらえるだろうということで花屋に決定。ここまで3日間くらいで決まりました。

次に、どんなお店で、どんな価格帯で売っていくかを考えなければなりません。こ

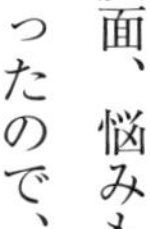

能天気にもほどがある。これはある意味、キミの強みなんじゃないのか？

れは1分くらいで決定！　ちょうど不景気で、あちこちで安売り店が流行っていたということもあり、安売りの花屋にすることにしました。

覚えてもらいやすい店名にしよう！　激安の花屋だから「ゲキハナ」。ということで、これも1分で決定！


ここまで決まったら、あとはお店の場所をどうするか、ここが一番の悩みどころです。「交通の便がいいところにお店があったほうが？」「土地勘のある場所にお店を構えたほうが有利ではないだろうか？」と、そんなことを考えていたら、自ずと地元の住宅地という選択肢にたどり着きました。

手ごろな物件がちょうど空いていて、家賃も10万円とそこそこです。すぐに契約をして、内装の工事に入りました。ただ、「工事」と言っても、お金がたくさんあったわけではないので、ほぼすべてを自分でやることにしました。

次に、お店のロゴを決めました。近所の子に「チューリップ描いて～。目と口も描いてね！」とお願いして描いてもらった絵がなかなかよかったので、それを使うことに。看板屋さんに発注して、ロゴと店名と「激安」という文字が入った大きな看板を

このスピード感だけは、大企業に見習わせたいものだな
こんな僕にもいいところがあるんですね

つくってもらいました。

配達と仕入れ用と、２台の車が必要になり、まず今まで乗っていた軽自動車を配達用の車にしました。そして５００円玉貯金で30万円くらい貯めていたので、仕入れに使う花の苗などを載せるトラックを買うために、そのお金を持って車屋さんへ。「これください♪」的に中古の軽トラックを１台購入。

¥ 経営者は「決める」のが仕事

独立するためのある程度の段取りが整い、会社に辞表をサクッと提出することにしました。

西村社長に「独立したいので会社を辞めたいんです」と素直に言うと、多少引きとめられるかと思いきや、「いいタイミングかもね。がんばるのよ！」と気持ちよく受け取ってもらえました（もしかして、社長もこの業界が長くないことを薄々気づいていたからかもしれません）。

会社を辞め、茨城県の花屋をやっている先輩に電話をして、「１か月だけ花屋の仕

貯金をしていたのは、ほめられる点だな

社長も薄々気づいていたんだろうな。キミが辞めることを

事を教えてください」とお願いしました。すると、快く「いいよ！」という返事をもらったので、１か月間、泊まり込みで花屋のことを学びました。

１か月後、茨城から戻り、次にオープンする日を決めました。それに合わせてオープンを知らせるチラシをパソコンでつくりました。そして、チラシを新聞に入れてもらうよう、新聞屋さんに駆け込んでお願いしました。集客の準備もほぼＯＫ！

さらに、オープニングスタッフも募集しなければなりません。お金も余裕がなかったし、時間的にもゆとりはありませんでしたから、知り合いに声をかけて、パートで働いてもらうことにしました。

なんだかトントン拍子にすべてがうまくいき、「僕って経営者に向いているんじゃないか？」「もしかして、時代の先端を行く若き経営者とかいって、有名になってしまうんじゃないだろうか？」なんて思いました。昔読んだ有名な経営者の本の一節には「経営者の仕事は決めることだ」とか書いてあったのを思い出しました。

根拠なき自信と勘違いは、紙一重だな。ただ、それが過剰になりすぎると危ない

そうか！　これか！

自分ですべてを決めることができるのって最高！「もしかして、僕は経営者になるために生まれてきたんじゃないだろうか？」とすら思いました。家に帰ると、またメモが机の上に……。

「安売りはたくさん売れても、儲からないよ。よく計算して、しっかり利益が出るように見極めてやったほうがいいよ」

なんだ、今回のメモは、よく経営の本とかに書いてありそうな説教か。そんな「べき論」より、僕には目の前にやらなければならないことが、たくさんあるんだ。明日はオープンだし。メモをくしゅくしゅと丸めて、ゴミ箱に捨てました。

まだ、経営者として何かをしたわけではないんですけど

あ〜あ、またメモを捨てちゃった。全然変わってないな

給料はだれが決めている？

￥ 天と地と

いよいよオープン初日です。僕は10時開店の2時間前にはお店に入って、緊張しながらあれこれ準備をしていました。開店30分前には、お店の前は人だかり。「激安チラシの効果ってすごいんだな！」と思いました。

やっぱり、これには豊丸自動車の販売会社時代の経験が活きています。安くすればお客様は買ってくれる、と。ただ、豊丸自動車の販売会社では、安く仕入れて高く売るだったけれど、それではお客様に申し訳がない。安く仕入れて安く売るというのがポリシーです。

お昼時の1時間くらい以外は、閉店するまでずっと行列が続いていました。

やっぱり広告の効果っていうのはすごい！　教材の販売会社の西村社長は広告を出

あ～あ、どうやったら利益が出るかわかってないなあ

さないぶん、社員に還元するとか言っていたけれど、売れなければただの理想論じゃないか。そんなふうにさえ思いました。僕は広告を使って、どんどん売上を伸ばし、売上を上げていくことで儲けるぞ！

この日は、お店に陳列した商品のほぼすべてが売り切れる勢いでした。閉店後、レジを締めると売上は20万円。

この売上が毎日続けば、僕の独立は大成功！　単純計算すれば1か月で600万円です。

ただ、この売上から、仕入れ代金、さらに新聞の折り込みチラシの10万円、オープンのときに手伝ってくれた母親をはじめ、駆けつけてくれた茨城の先輩、パートさんのお給料も払わなければなりません。ま、たくさん売れれば、それもごくごく一部だろうと、たかをくくっていました。

しかし、オープンから数日がすぎると、何もなかったかのように、行列はまったくなくなりました。

1か月がすぎ、月間の売上を出してみると、100万円ほど。来月の仕入れやチラ

広告費をかけた費用対効果なんてまったく考えていないな！

「オープン数日はご祝儀」と言いますからね

シ代や家賃や人件費、そして、電気代やら電話代など、諸々を払うと10万円ほどしかお金は残りませんでした。

ええええええ！　今月の僕の給料10万円!?　全然儲からないじゃん！　これ、何か間違っているんじゃないかな？

￥ 経営者は「給料の天井」がない反面、「底」もなかった

何かがおかしいと思いながらも、その理由はわからず、もっと売れば儲かるんじゃないかと思いながら、日々をすごしていました。

僕の1日はざっとこんな感じです。朝5時に起きて市場に仕入れに行きます。「どんな花が売れるか？」を考えながら仕入れをします。

その後、お店に戻ってきて開店準備。商品を並べたり、花にお水をあげたり。お釣りがなくなれば、銀行へ両替に行き、配達を頼まれれば配達をし、営業が終わればレジを締め、月末にはパートさんへのお給料を準備。

間違ってない。これが「売上－コスト」の正しい現実だ

夜は夜で、「今後どんなふうにお店を盛り上げるのか」を考えました。また、いつでも営業しているお店には、お客さんがたくさん来てくれるだろうと、年中無休を掲げてしまったため、いっさいのお休みはありません。

そんなこんなをしていても、赤字になってしまう月も出てくる始末です。お金持ちになることを夢見て独立したはいいものの、やることはたくさんあるし、忙しいし、朝起きるのが早くて眠いし、休みがないから疲れるし。

年中無休なので、元旦からもちろん営業開始。でも、元旦から花を買う人は1人もいませんでした。お客さんゼロ。やらかしてしまいました。

僕が勤めていた学習教材の会社では、僕は売るだけでよかったのです。ただただ、お客さんのところへ行って、売るだけで、売上の20%が給料としてもらえたんです。あとは、会社が全部やってくれたんです。

でも、今はというと、1から10まで全部自分でやって、あちこちにお金を払って、最終的に残るのは、売上の10%もないありさま。今の僕の給料はどうなっているんだ？　そして、ある一定以上の売上が出せなければ、給料はゼロ。

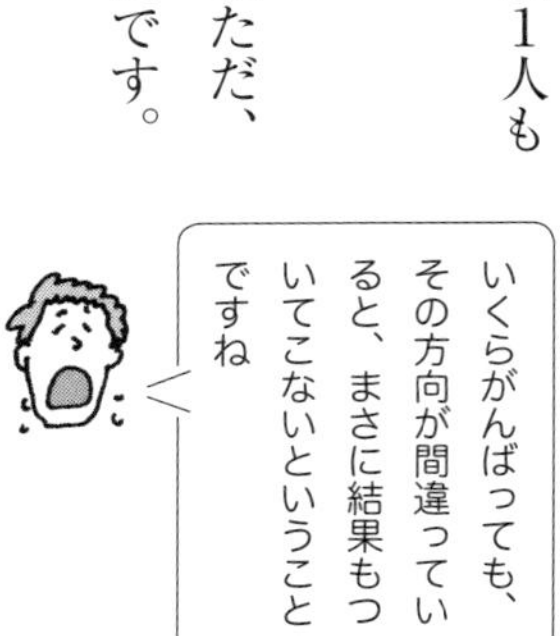
いくらがんばっても、その方向が間違っていると、まさに結果もついてこないということですね

お客様が来ない日がずっと続いたら、給料がゼロどころではなくて、むしろ借金がどんどん増えてしまうじゃないか。夢みたいなことを考えて、意気揚々と独立したはいいけれど、すごく貧乏になっちゃった。

かけた分の労力が全然報われない。もちろん、教材販売の歩合制の営業マン時代も、いくらがんばっても売れなければ、歩合はゼロ。それは同じなんだけれど、何かが違う。モヤモヤしたものが、心の隅っこに残ったまま、時間だけがただすぎていきました。

帰りじたくを済ませ、車に乗り込むと、ワイパーのところにメモが……。

「どれだけがんばったかも大事だけど、どこで何を売るのかも大切だよ」

うーん。どういう意味だろう。いまだかつてないくらい、がんばっているんだけどな。これって、売る場所を変えたほうがいいってこと？ もっと駅の近くのほうがとか。それとも、なんだろう？

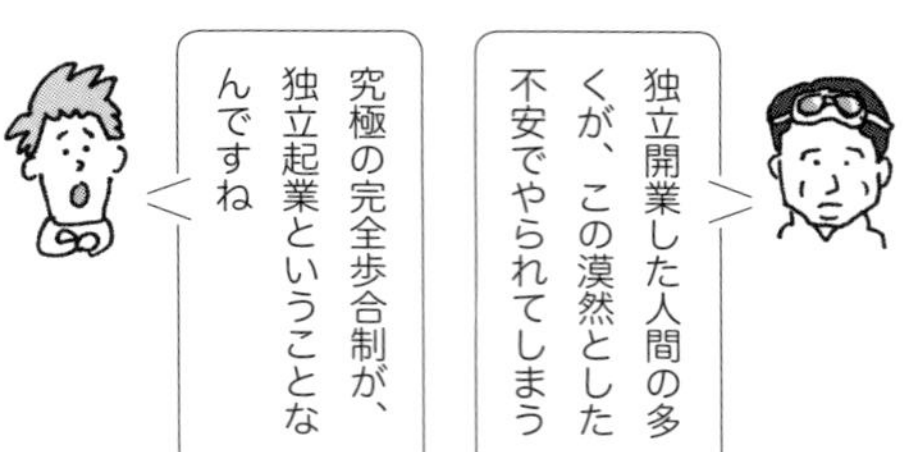
独立開業した人間の多くが、この漠然とした不安でやられてしまう
究極の完全歩合制が、独立起業ということなんですね

社員の給料を上げたくても、上げられないワケ

¥ 素直になれなくて

お店を開いたものの鳴かず飛ばずだったため、メモにあった「売る場所」というヒントをもとに、当時話題になっていたネットショップも開いてみました。すると、それが大当たり。結局、実店舗は閉めて、ネット販売に注力することにしました。

ネットショップの売上は大幅にアップして、売上が増えれば増えるほど、仕入れの量もガンガン増えていきます。それにともなって仕事量も増えていきます。仕事量が増えると、人手が足りなくなっていきます。その結果、スタッフをどんどん雇っていくことにしました。

ネットショップは、売上だけを追いかけがちだから、気をつけないと

会社には僕を含め8人のスタッフがいました。社員が4人、アルバイトが3人、そして僕の計8人です。

花屋は体力仕事も多く、けっこうきついのでみんな大変だったと思います。そんな環境のせいもあってか、スタッフからは少なからず不満も出ました。たとえば、「私のほうが仕事ができるのに、なぜあの人と同じ給料なの？」というのも。

実際にスタッフの中には、できる人も、そうでない人もいるわけです。できる人は昇給させたいと日ごろから考えていましたが、一度昇給させてしまうと、下げることは容易ではありません。

それに、1人を昇給させるためには、ほかの人を減給するわけにもいきません。だから、会社のお金にゆとりがないと、なかなか昇給させることができないんです。

「キミを評価していないわけではないよ。とてもがんばっているのは、とてもよくわかっているよ」と社員たちにはいつも伝えていました。

黒字体質になるには、ビジネスモデルも大切なんだ

これって、みんなを昇給させられるくらいの十分な利益が出ていないと、厳しいってことですよね

￥ 変わらぬ想い

僕の会社は、仕入れた商品の支払いのタイミングが先に来て、クレジットカードで決済したお客さんの売上代金は、翌月に振り込まれてくるというしくみです。ですから、売上が上がり続けている以上、手持ちの資金が足りなくなります。

そのために、銀行から「運転資金」という名のお金を借りて、会社のお金のやりくりをしました。会社の規模が大きくなればなるほど、資金繰りや投資をどんどんしていく必要が出てくるんです。と同時に、銀行からの借り入れも増え、自分の給料を上げるゆとりを持つことができない状況が続いていました。

ただ、銀行口座の「ある一瞬」だけを切り取れば、手持ちのお金がたくさんあるように見えます。でも、入ってくるお金も大きければ、出ていくお金も大きい。早い話が、動かしているお金が大きいだけ。会社は、銀行から借りたお金で経営しているようなものでした。

その年の決算書だけを見ると黒字の状態だったのですが、会社が成長すればするほど、お金が足りなくなるという、不思議な状況でした。これを僕自身は理解できずに

利益が出ている会社でも、成長著しいときは、資金不足が起こるんだ

「なぜお金がたまっていかないんだろう？」と悩んでいました。

でも、お金が残らないことよりも、会社は肌で感じてわかるほどのスピードでどんどん成長していたので、そこに満足感や充実感を覚えました。やればやるほど規模が大きくなっていくあの感覚は、麻薬的に僕の感覚を支配しました。

会社の規模はどんどん大きくなっているのですが、情けないことに会社が黒字体質になっていないので、そうやすやすと社員やアルバイトを昇給させることができませんでした。「それは経営者の怠慢だ！」と言われればそれまでかもしれ

売上が１か月遅れで入ってくる

売り上げた月に仕入れなどを支払う

	売上	入ってくるお金	支払うお金	残高
12月	-	-	-	290万円
1月	100万円	0円	90万円	200万円
2月	200万円	100万円	180万円	120万円
3月	300万円	200万円	270万円	50万円
4月	400万円	300万円	360万円	△10万円
5月	500万円	400万円	450万円	△60万円

・1月の売上100万円に対して、仕入れや経費が90万円であれば、利益は10万円
・2月の売上200万円に対して、仕入れや経費が180万円であれば、利益は20万円
なのに、カードで買いものされることによって、
お金が入ってくるタイミングがずれてしまい、手持ちのお金が足りなくなる

このタイミングでお金を借りなければならない

ません。

もしも、この状態で昇給させようとしたら、銀行から借り入れたお金で昇給させるという方法になってしまいます。

だから、「（給料を上げたいけれど）もうちょっと待っててくれな」「ちゃんと評価してるから、（昇給を）考えているから」とスタッフには伝えました。

スタッフは社長である僕に対して具体的に文句を言わなくても、「社長の懐に全部お金が流れているんじゃないか？」「社長が独り占めしているんじゃないだろうか？」と思っている。そんな無言の圧力を感じるほどでした。

給料や時給を上げるとなると、それは継続的な「約束」になってしまいます。いつ、会社がしっかりと黒字体質になるのかが見えないなかで、それをする勇気は当時の僕にはなかったんです。

「ゆとりが出てきたら、みんなの給料を増やそう！」。そんなふうに思いながらも、どこかで現実を直視したくないという自分もいて、スタッフの心の声に耳をふさぎながら、日々の仕事に没頭していきました。

これは社員には理解されにくい。つらいところではあるな

決して悪気はなかったんですが

一番実績を出している社員が、給料が不満で辞めてしまいました

¥ ホット・スタッフ

うちの会社には、とりわけ実績を出している社員がいました。もちろん、ほかの人もがんばっているので、彼だけえこひいきしているつもりはないのですが、彼はだれの目から見ても、ものすごくがんばっていて、しかも結果を出しています。

入社1年目にもかかわらず、朝は僕以外のだれよりも早く出社して、準備をしています。仕事の効率化を考えて、改善を提案するなどの意見もどんどん出せる人でした。彼が梱包する箱の中は、お客さんが注文した商品がきれいに並べられ、クオリティも高く、お客様からお褒めの言葉をいただくことも多くありました。

優秀な人が報われるしくみをつくるのって意外と難しい

￥ とどかぬ想い

ある日、仕事が終わり、日も暮れた夜のことです。一番仕事ができる彼から、直接相談を受けました。

「この給料では食べていけないし、結婚もできないです。だから辞めます」

それを聞いて、とっさに僕の口から出たのは次の言葉です。

「キミは、まだ1年目だよね？　僕はとても期待しているし、評価もしている。ただ、それは『うぬぼれ』だよ。頭を冷やしたほうがいい。そして、もっとうちを儲けさせてくれ。そしたら、給料を上げることができるよ」

が、そんな僕の言葉をさえぎるように、彼は辞表とともに、こんなセリフを残して辞めました。

精神論だけでは、社員のモチベーション維持は難しい

「社長は僕から搾取しようとしています。僕は辞めます。お世話になりました」

彼が辞めてしまったことはショックでした。でも、本音を言えば、たしかに彼の満足いく給料を出せるまでの甲斐性は、うちの会社にはありませんでした。

この先、いつ給料が上がるかわからないことが、将来の漠然とした不安につながるのは当然のことです。

辞めていく彼に、僕は「がんばれよ……」としか言えませんでした。彼が辞めるのは、野球で言うなら、チームに絶対不可欠なエースで四番の選手を失ったくらいの損失です。

途方に暮れながら家に帰る途中、なんだか心がざわつくのです。彼の言った言葉がどこか引っかかるのはなぜなんでしょうか？

社員にしてみれば、これ以上の不安はないですよね

社長本人がわかっていないから、ちゃんと社員に説明ができない。う〜ん、もどかしい

第4章
「お金」が原因で失敗した過去の自分のために書いたノート

未来から来た僕から、過去の僕へ

￥ ぼくたちの失敗

一番デキる社員が辞めてしまって、僕は落ち込んでいました。がっくりと肩を落として家に帰り、しばらく自分の机の前でボーッと何を考えるわけでもなく、ため息をついていました。

ガタガタンッ！

夜も遅い時間だというのに、自宅のポストに何かが入れられたような音がしました。不審に思い、外に出てみたのですが、だれもいません。

ポストを開けてみると、1冊のノートが入っていました。

なんだ、これ？

開くと、まず1行目に「僕は未来から来たキミだよ」と書いてありました。思わず「はあ？」という言葉がもれました。

言っていることがよくわからないのはもちろんですが、手の込んだイタズラだとしても、センスがありません。でも以前から、時折、メモが置かれていたことを思い出したんです。これはあのメモの主に違いない。でも、いったいだれが？　もちろん、それも気になりましたが、ノートへの興味のほうがまさり、読み進めてみることにしました。

僕は未来から来たキミだよ。お金に対する考え方のせいで、キミの人生は今後、メチャクチャになってしまうんだ。

と言われても、すぐには信じてもらえないかもしれないけど、このあと、キミの会社の社員はみんな辞めていなくなり、会社は倒産して、自己破産して、ついにはホームレスになってしまう。

キミの母親は、息子の人生に絶望を感じていたとき、ドクという研究者がはじめたタイムスリップをして人生をやり直す事業、その名も「人生やり直しま専科」という会社を見つけ、相談をしたんだ。母親が老後のためにと貯めておいた、なけなしのお金をすべて払って、僕はドクと未来から来ることになったんだ。

まず、過去のサラリーマン時代のキミを追いかけながら、メモを置いて、ヒントを与えようとしたけれど、キミにはまったく響かなかった。

まあ、僕も自分の性格を考えると、人の話をあまり聞かないから、よくわかるよ。そこで、このノートをまとめておくことにしたんだ。

気づいたかな？　キミが、辞めていったデキる社員に言った「それは『うぬぼれ』だよ」という言葉。

これは、豊丸自動車の販売会社の営業マン時代、退職するときに、加藤社長から言われた言葉とまったく同じだよね。デキる社員にそう言って、はじめてキミもわかったと思う。仕事ができれば、単純に給料が上がるわけではないということを。

もちろん、仕事ができるというのはとても大切なことだよ。それは疑いようもない事実だ。でも、周囲から、「ありがとう」と言われ、会社に必要な人にならなければいけない。

そして、デキる社員から言われた「社長は僕から搾取しようとしています」という言葉。キミもサラリーマン時代に思ったことだよね。

キミは経営者になって、社員に給料をもっと上げてやりたいけれど、上げられなかったことを思い出してほしい。きっと、サラリーマン時代のキミも、その理由をちゃんと理解していれば、きっと目先の給料の額だけで考えることなく、違う稼ぎ方をしたんじゃないかな。

これらはほんの一例で、ドクから学んだことも含めてお金に関する考え方と、稼ぎ方についてもっと知ってほしくて、このノートをキミのために書いたんだ。

次の5つの項目でまとめてあるから、しっかりと読んで、キミの未来のために活かしてほしい。

1 会社は、給料以外にも社員に還元している
2「数字の読み方」を知ると、世界が変わる
3「給料が上がるしくみ」は、業界や会社によっても違う
4「どんな稼ぎ方をしたいか」という自分の軸を持つこと
5 お金で解決できることも多いが、「劣等感」はお金で解決できない

これらのことにもし興味がなければ、このノートをこのまま閉じてしまっていい。
そして、これまでのメモのようにゴミ箱に捨ててしまっても構わない。
ただ、自分の人生をなんとかしたいと思うなら、このまま読み進めてほしいんだ。
いずれにしても、選択するのはキミ自身だ。

１会社は、給料以外にも社員に還元している

キミが豊丸自動車の販売会社に勤めているころ、３つのメモを置いたんだ。もう忘れてしまっているかもしれないけれど、こんなメモだった。

「社会保険は、会社が半額を負担してくれているんだよ」
「寸志は会社からの志。会社に感謝を」
「1年目は会社からの投資を受けている状態だよ。あと3年はがんばれ！」

そのときのキミは、これらのメモをそのまま捨ててしまっていたよね。でも、今、経営者として会社をやっているなら実感があるんじゃないかな？

経営者として、給料を支払うのとは別に、たくさんのお金を社員に毎月使っている

よね？　社員のための社会保険の半額を支払ったり、よりよく仕事ができるようにと備品をそろえたり。繁忙期が終われば食事に連れて行ったり。利益が少しでも出れば、「一時金」として還元したり。

なんだかんだと、人を雇うにはお金がかかるものだよね。給料以外にも、人に投資をして、あとから恩返しのようなかたちで、会社に利益をもたらしてもらう。

ま、それは会社を経営するうえでは、当たり前のことなんだけど。会社員として勤めているときには、給料以外にいくらの金額を投資してもらっているかなんて、正直考えもつかなかっただろうし、もしかしたら、感謝のかけらもないほどに、当たり前だと思っていたかもしれない。

経営者の立場からすると、それらのことも社員にわかってもらえればと思うよね。でも寂しいかな、気づいてもらえないのが当たり前。経営者は、社員が働きやすいように環境を整えてあげることも当然の仕事だからね。

社員ががんばって期待に応えてくれたときや、結果を出してくれたときは、自分のことのようにうれしくて、一緒になって喜ぶのはもちろん、給料だってアップさせてあげたくなるよね。でも悲しいかな、すぐに給料をアップさせることが簡単にできるかというと、そうではないのが現実なんだ。

昇給は、社員に対しての「長期的な約束」になる。一度アップさせた給料を下げることは、ほとんどの場合できないから、確実に還元できるような利益が出せるようになったら上げてあげようって思っていたわけだよね。

そしてもうひとつ。仮に、社員の1人の毎月の給料を1万円アップしたとしたら、年間で12万円のお金が必要になるよね？　その原資をどこから出すのかと言えば、まぎれもなく「利益」から出すわけだ。

その社員が、直接的に年間で12万円以上の利益を増やしているなら、十分出せる金額だけど、がんばってくれていても、利益が増えていない場合には出せないよね？「現在支払っている、給料以上の利益を出してくれているのか」はもっと大切なんだ。それすらもままならないのであれば、昇給させることは、会社の存続を危うくしてしまうことになってしまう。

給料に見合う稼ぎとは？

豊丸自動車の販売会社の営業マン時代、キミが売った車のぶんから出てくる利益は、本当に月給以上の金額を生み出していたんだろうか？

もっと言えば、キミが生み出す利益は、キミ自身の月給以上必要なんだ。会社は、売上や利益を生み出す部門、そして、利益を生み出さないけれど、サポートや雑務をしてくれる間接部門に分かれている。

間接部門の人たちは、キミが契約をとったあと、契約書の整理から、振り込みの確認、給与の計算など、さまざまなことをやってくれていたんだよ。小さなことで言えば、家賃の振り込みやチラシの手配まで。キミが毎日気持ちよく、商品を販売することができるのは、間接部門の人たちのおかげなんだ。

もうわかると思うけれど、間接部門の人たちまでしっかり養える利益を出すのは当たり前。さらに会社へ利益の貢献ができて、福利厚生の維持や会社の家賃や備品の購入費、販売促進費用などもまかなえるようになって、はじめて昇給が可能になるんだ。

経営者と社員が「利益の構造」を理解し合おう

さらに耳の痛い話をするね。しっかりと聞いてほしい。「査定の件数の記録を塗り替えた」「新人賞をとった」のは、素晴らしいことだよ。だから会社もそれを評価して、「表彰」というかたちで還元してくれた。でも、その結果、間接部門の人たちの給与や、家賃や備品や販売促進費まで、まかなえるほどの利益を出して貢献できていただろうか？

加藤社長は、「キミはまだ入社してわずか1年のがんばりだ」と言っていたよね。そしてキミも、「それはうぬぼれだ」とデキる社員に伝えた。雇われている側では見えない部分もある。それはしかたがないことなのかもしれないけれど、利益の構造がどうなっているのか、いくらの利益が出れば給料が上がるのか、はじめから何も話さずに理解してもらおうとするのは無理ってものだよ。

キミは経営者となり、雇う側の立場になることでそれがわかったよね？　でもサラリーマン時代はそんなこと、わからなかったでしょ？　だからこそ、社員にきちんと説明したうえで、理解してもらえるようにすることは大切なんだ。社員に感謝されてから、感謝を返していくのではないよ。まず、経営者が社員に感謝を伝えなくちゃ。

2「数字の読み方」を知ると、世界が変わる

花屋のオープンの前日、キミにこんなメモを置いたのを覚えているかい？

「安売りはたくさん売れても、儲からないよ。よく計算して、しっかり利益が出るように見極めてやったほうがいいよ」

利益がどのように生み出されるのか。それを理解するためには、数字にある程度強くなることが大切だよ。これは経営者だけではなく、サラリーマン時代のキミにも言えることだ。

教材販売会社の西村社長が言っていた「会社を儲けさせてちょうだいね♡」のひと言。あの言葉の意味はわかっていたかな？　それをわかってもらうために、西村社長はキミに決算書の読み方を教えてくれたんだ。

たぶん、会社を継いでもらいたいという気持ちにウソはなかったと思う。だからこそ、キミに売上よりも、利益をしっかりと見つめてほしかったんだと思うよ。売上がいくらあっても、利益がなければ、結局は会社に残るお金も、社員に分配できる金額もなくなってしまうからね。

利益を語るうえで切っても切れないのが、その計算だ。もちろん、キミだって決算書は読めたほうがいいことくらいわかっていると思う。でも、「数字が苦手」というのは、こんな気持ちに近いんじゃないかな。

予防接種をうけるのは大事なことだとわかっているけれど、注射が嫌で嫌でたまらない子どものような気持ちで、数字も苦手になっている気がする。でもさ、注射が痛いのを我慢して予防接種をうける子どものように、嫌々ながらも向き合うと、徐々にではあるけれど、少しずつわかるようになってくるんだ。

どうして決算書が読めないのか？

過去の僕が、「決算書のことをどうして理解できなかったか」。その理由も今ならわかるよ。

まず、「数字が苦手という意識」そのものが壁となって、数字から距離を置こうとしていたんだよね。決算書をはじめとする「会社の数字と向き合う機会」を増やそうとしていなかったんだ。むしろ、そんな機会は、できるだけ減らしていた。

いざ数字と向き合おうと思っても、税理士や経理担当者から渡された「損益計算書」や「貸借対照表」という「表」自体の内容もよくわかっていなかった。

さらに、理解を妨げたのは、難しい専門用語だった。「当期純利益」や「売掛金」など、なじみのない言葉のオンパレードで、数字が好きではないのに加えて、決算書の用語自体が「曲者《くせもの》」だった。

さらに、決算書がどんなことを意味しているかという「概念」がわかっていないために、「用語（言葉）」は余計に難しく感じてしまう。それなのに「概念＋言葉＋数字」を一気に理解しようとするから、思考停止になってしまうんだ。これが、僕を含めて数字が苦手な人の、おそらくよくあるパターンだね。

だけど、僕は気づいたんだ。決算書は、基本的には「足し算」と「引き算」で、できあがっていることに！　あれはまさに、僕にとって世紀の大発見だった。

僕が気づいたように、決算書は基本的に小学校の算数で習う「足し算」「引き算」

でできているんだ。だから、用語をきちんとすべて理解しようと思わずに、「これだけは重要！」という数字だけを引き算すれば、決算書は理解できるということがわかったんだ。用語も、それが何を意味しているのかがわかってくると、意外にも読み解くことは難しくはないんだよ。

「①数字→②概念→③言葉（用語）」という順番に理解しようとすると、とてもわかりやすいというのが、数字オンチの僕が経験から学んだことなんだ。

①の「数字」は決算書ごとに異なるので、②の「概念」から説明しよう。

キミがいつも気にしている「売上」。これは、衣《ころも》がついたエビの天ぷらみたいなものだよ。衣の部分が仕入れや経費。そして中のエビが利益だ。「衣を外したら、エビがびっくりするくらい小さかった」なんてことは、よくある話だよね。

もちろん、衣が薄くて、大きなエビの天ぷらもある。見た目はまったく同じなのに、割って中を見るまでわからないことって多いんだ。

決算書というのは、ちょっと乱暴な言い方をすると、こんな公式でできあがっている。細かい数字が並んでいるから難しそうだけれど、ざっくり言うとこうだ。

エビの天ぷら－衣＝本当のエビの大きさ

専門用語で言ってみようか？

売上－仕入－経費＝利益

いきなり難しそうになったよね。じゃあ、さらに決算書に書いてある言葉にしてみようか？

売上－売上原価－役員報酬－販売費及び一般管理費＝営業利益

なんだか、急に難しい会計の本のように感じないかい？　この3つの式はすべて同じことを言っているんだ。用語が違うだけで、こんなにも難しく感じてしまうものなんだね。

決算書の「利益」に着目していない人が多い理由には、専門用語でつまずいてしまうというのもあるんじゃないかな。専門用語がわからないと、利益が導き出せない。これが悪の元凶。今日からエビの天ぷら方式で考えればいい。決算書は、基本的に足し算と引き算でできあがっているだけなんだから。

このエビの天ぷら方式で、概念は理解できるよね。概念が理解できたら、計算方法は理解できるわけだから、そしたら、最後に専門用語を覚えていけばいい。

キミが着目すべき利益の部分を図で説明しておくから、理解してこれからの経営に役立ててほしい。

そして、忘れてはならないのが、売上がいくら大きくなろうとも、利益が大きくならないかぎり、会社全体に貢献したとは言えないということ。

安売りは、ぶ厚い衣（仕入と経費）と小さなエビ（利益）で天ぷらをつくるようなもの。値引きはエビを小さくすることになる。そして、あまりにエビが小さくなりすぎると、エビの天ぷらが美味しくなくなる。それって、いい状態ではないよね？

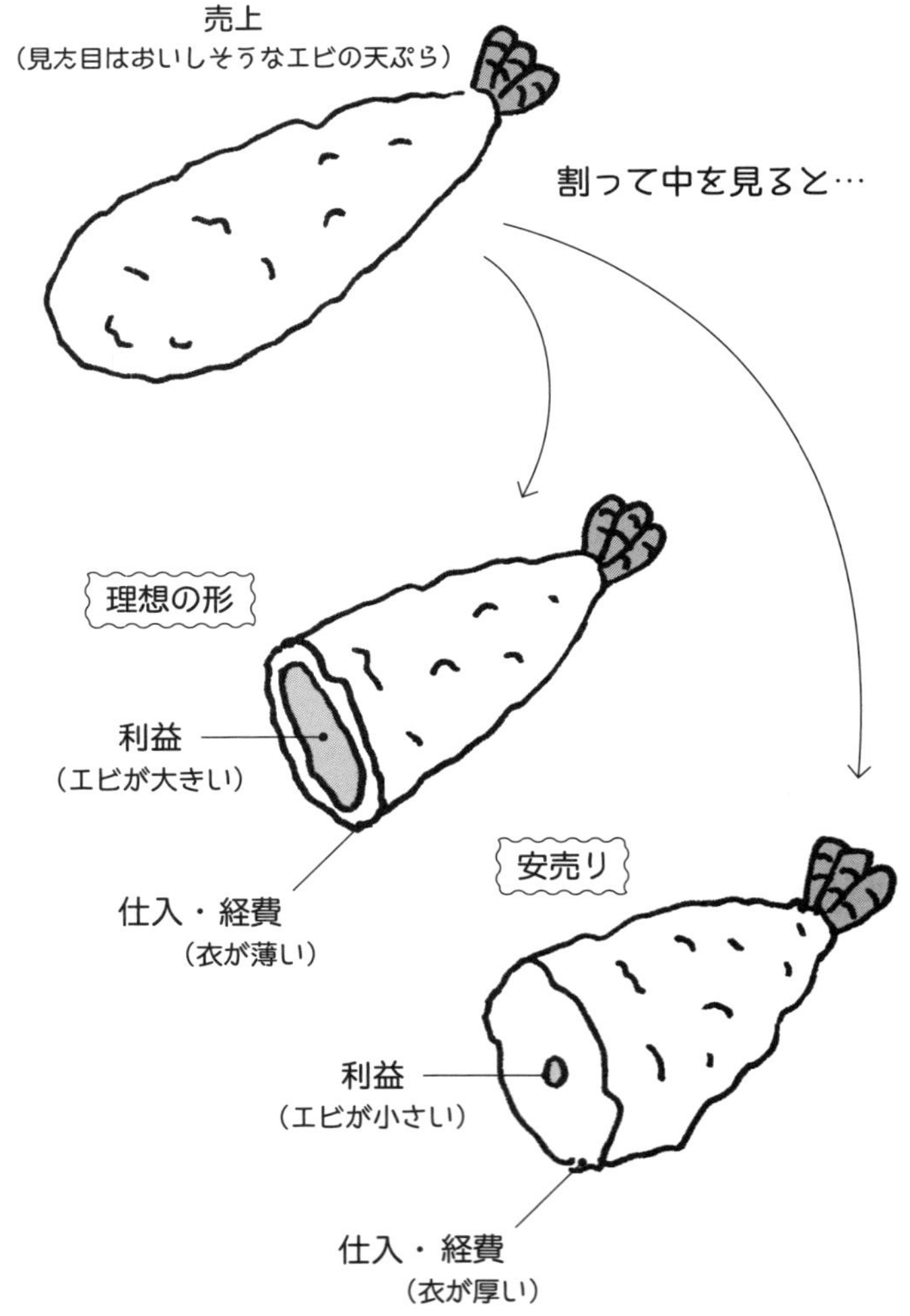
売上
（見た目はおいしそうなエビの天ぷら）
割って中を見ると…
理想の形
利益
（エビが大きい）
仕入・経費
（衣が薄い）
安売り
利益
（エビが小さい）
仕入・経費
（衣が厚い）

重要なのは「売上」よりも「粗利益」

しっかりと概念が理解できたところで、用語の説明だ。売上はわかるよね。それ以外を箇条書きにするよ。

・売上原価：仕入、製造業などでの製造原価（製造原価と記載してある決算書もある）
・販売費及び一般管理費：社員やパートアルバイトの給料、広告費や家賃をはじめとした経費全般（経費と呼ばれることも）

そして、知っていてほしいのは、会社が赤字の状態についてだ。これもとても簡単なんだ。「売上－売上原価＝売上総利益（粗利益）」という計算式で「粗利益」が計算されて、この「粗利益」から、「経費（役員報酬と販売費及び一般管理費）」を引くと、「営業利益」が出てくる。ここがマイナスになる状態を「赤字」というんだ。こういうことだね。

赤字＝粗利益＜経費　という状態

赤字か黒字かの違いっていうのは、売上だけで決まらないことがわかると思うんだ。「粗利益」が「経費」より少ないと、赤字になってしまう。それが赤字と黒字を決めるルールだよ。だから、「粗利益」が「経費」より大きくなるような売り方をする、稼ぎ方をすることで、会社は黒字化していくんだ。

正確に言えば、「特別利益」や「特別損失」という、大きな会社特有の特別項目も含めた場合は、また解釈が変わってくる。けれども、一般的な会社員の人たちの手に負える範囲というのは「営業利益」の部分が大きいから、その部分までわかっておけば、まずはＯＫ。

「数字」が読めると……

そして、決算書を多少読めるようになると、決算書のつくりはとてもシンプルだと気づくようになるはずだよ。売上以外の項目は、その売上をつくるために、自分が使ったお金であることがわかってくるよ。

損益計算書

（単位：円）

科目	金額
売上高	100,000,000
売上原価	30,000,000
売上総利益	70,000,000
販売費及び一般管理費	60,000,000
営業利益	10,000,000

さらに、決算書の全体を把握することができるようになってくると、どんどん面白くなってくるから不思議なんだ。僕は、この決算書の一部である損益計算書のつくりがわかってきて、「どこの数字がどう変化すると、利益が出やすくなる」なんてことも見えるようになった。

ちょっと試しに、自分で理想の損益計算書をつくってみようと、赤字だった年度の損益計算書をもとに、数字をいじってみたことがある。すると、売上をこれくらい上げて、経費の部分をこれくらい下げて、さらには粗利益をどれくらいに……などをはじめ、計画しだいで、黒字化できることがわかったんだ。

次に、その計画を月ごとに落とし込んでみた。12か月ぶんをつくってみると、黒字の月と赤字の月が予測できることがわかった。予測だけれど、決算書が読めるようになったことで、自分で数字を動かして「何をどのようにしたらいいか」という具体的な方向が見えるようになってきたんだ。

いろいろとわかってくると、実際に試したくなってくるから不思議だよ。売上目標はもちろん、どれだけ値上げをしたら利益が出るのか、経費をどう節約するかなど、数字をもとに自分の頭で考えて、いっちょまえに戦略を立てられるようになってくる。

「数字が読めると、本当に儲かるんです」というのは、まさに目からウロコだった。「数字が読める」ようになったことは、僕にとってかけがえのない財産になっている。

今のキミは、もしかしたら「そんなこと、できるようになれっこない」って、思っているかもしれない。大丈夫、やってみると、できるようになるから。だから、目をそらさずに、数字と向き合ってみてほしいんだ。

3「給料が上がるしくみ」は、業界や会社によっても違う

こんなメモを置いたことがあったのを覚えているかい？

「給料は他社と比べるものではないよ。その会社のビジネスモデルや財務状況によっても変わるものだよ」

「どれだけがんばったかも大事だけど、どこで何を売るのかも大切だよ」

これらのメモに関連して、僕が昔からずっと思っていた「どうしたら、給料が多くもらえるのか、もっと上がるのか？」という疑問も、今なら自分なりに答えられる。

まず、「自分がほしい給料はいくらくらいか」がわかっていることが大前提だよ。

そのためには、「どんな生活がしたいか」というイメージがあると、ほしい給料の金

額も、より具体的になっていくよね。過去のキミだと、高級車を乗り回したい、大学時代の友達を見返したい、ブランドものを身につけたいとか……。

そして、大事なのは、「ほしい給料に見合った業界や会社を選ぶ」ということだよ。それはね、その業界や会社のビジネスモデルが、「儲けを生み出すしくみになっているかどうか」ということだよ。

たとえば、豊丸自動車の販売会社と教材の販売会社の給与体系はまったく違っていたよね？　それは業界や会社によって、給料が上がるしくみも変わってくるということを意味しているんだ。会社ごとにその部分は千差万別だから、大まかに説明をしておくよ。

過去のキミは、この部分をすっ飛ばして、売ったら売っただけ給料が上がりそうな(と自分で思っていただけだけど)、自動車の販売会社の営業マンや、歩合制の教材の販売会社の営業マンを選んだ。

でも、その業界、その会社の儲かり具合によって、もらえる給料の天井も水準も大きく異なっている。

たとえば教材の販売会社は、今の時代だったら斜陽産業、いや、今ではキミが働いていた会社だけでなく、競合の会社はもうほとんど存在していない可能性があるので、絶滅産業と言ってもいいかもしれない。

まずは、儲かっている業界、儲かっている会社でないと、世間で言うところの、平均年収以上の給料はもらえないんだ。

どんな業界、どんな会社が儲かっているかがわかるのが、決算書をはじめとした会社の数字なんだ。なんとなく、「この業界は儲かってそうだなあ」「この会社は儲かってそうだなあ」というのは、あくまでも雰囲気だけで、何の裏づけもない。

儲かっているかどうかの裏づけとなるのが、会社の数字だから、「数字が読めると、自分がほしい給料がもらえそうな、業界や会社がわかる」とも言えるよね。

会社の「利益」に貢献することは、給料との関連性が高い

ただ、これだけだと、「数字が読めると年収がアップする」ということのすべては説明しきれていないんだ。当たり前だけど、儲かる会社に入社しても、評価されなければ給料は上がらないわけだからね。

評価されるためには、会社に貢献をしなければならないよね。ただし、「貢献」と言っても、その意味は幅広い。まず、「利益」に貢献するというのが、給料との関連性が最も高くなってくる。

「どうすれば利益を出せるのか？」というのも、たとえば営業マンならば、数字が読めると「何（商品、サービス）を」「どれくらい売れば、利益が出るか」がわかってくる。過去のキミのように、やみくもにがんばるのではなく、利益を出して会社に貢献するために、「何を」「どうすればいいか」を理解して行動すると、結果も出やすくなってくるよ。

もし、利益に直結しない部署で働いている場合はどうしたらいいか？　たとえば、総務や経理などの間接部門の人でも、利益に貢献することはできるんだ。

ミスをしないことはもちろん、無駄な業務を合理化したり、忙しい仕事を効率化したりして経費を削減することもそう。売上を上げられる職種でなくても、経費を減らして利益につなげる工夫はいくらでもできるからね。営業や製造部門といったような、稼いでくる人たちがより成果を上げやすいしくみをつくったりするのも、そのひとつだよ。

これらは、言ってみれば「人財」になるってこと。言い換えると「会社にとって、なくてはならない必要な人になること」と言えるよね。ちなみにその逆は、会社に何のメリットももたらさない「人罪」かな。

どんな職種の人でも、会社に貢献できることはたくさんあるから、会社の数字がわかると、どの部分に注力すれば会社に貢献できるのかも見えてくる。それに、数字が読めると「自分」という商品が、どれくらい貢献して、評価されるかもわかってくるんだ。

「好かれる」ということも大事な評価

「会社に評価されて給料が上がるかどうか」は、すべて相対評価のもとに成り立っているんだ。ほかの社員全体と比べて、どれくらい会社に貢献しているのか？　その部署内で、どれくらい会社に貢献できているのか？　同期の間で、どれくらい会社に貢献できているのか？

もちろん、評価するのは人間だから、印象によっても変わるのは当たり前。現在、社長になっているキミの場合でも、社員から好かれたほうがいいのは当然だよ。社長のことが嫌いだったら、その人の給料が高いのを社員は気に入らないよね。

「好かれる」をよりビジネス的な表現で言うならば、「会社にとって、信頼や信用に足る人間なのかどうか」ってことだ。それによって、評価は変わっていくものだよ。

さらに、「印象」という点で言えば、たしかに目立っている人は印象に残りやすい。でも、「目立つ」と「貢献」は別物だから間違えないように。地味でもコツコツと貢献し続けている人は評価され、いずれ給料は上がっていくし、会社も上げたくなるものだよね。

教材販売会社の西村社長が言ったように、「結果」と「(周囲からの)感謝」のセットが大事なんだよ。


もし、会社に貢献しているのに、給料が見合っていなければ、堂々と文句を言えるかもしれない。そして、そんな社員からの言葉は、きちんとした社長や上司であれば、心のどこかで受けとめるよね。

でも、過去のキミのように、自分では貢献しているつもりでいて、調子にノッて天狗になっているだけだと、周囲から白い目で見られて、痛いしっぺ返しをくらうかもしれない。そこは十分に注意したほうがいいよ。

これは社長も同じで、経営者だって社員に評価されているんだ。社員が給料に不満を持っている場合、その会社で働く社員は、あの辞めてしまったデキる社員と同じように「社長はお金をたくさんもらっているのに、自分たちは搾取されているんじゃないか？」と思ってしまうかもしれないよね。


さらに、ぜひ知ってほしいことがひとつあるんだ。それは、会社の儲けを生み出す「しくみをつくる人」と、その「しくみを使う人」がいることだ。前者は経営を主に行い、後者は実務を主に行っている。そもそもの仕事の性質が違うんだ。

しくみを「使う人」の中でも「売上をつくる人」である営業マンや販売担当者と、「それをサポートする人」である間接部門の人。後者には、経理や総務、キミがやっているネットショップであれば、梱包発送する人も含まれるよ。

それぞれの役割や仕事の性質が違うことを、みんなが理解して働く職場は、相互理解が進んで、いい雰囲気になるんじゃないかな。

4「どんな稼ぎ方をしたいか」という自分の軸を持つこと

こんなメモも置いたのを覚えてくれているかな？

「お金だけで仕事を選ばないほうがいいよ」
「稼ぐ額よりも大切なのは、どんなふうに働いて、どんなふうに稼ぐかだよ。キミはどんな稼ぎ方がしたい？」

過去のキミは、とにかく稼いで稼いで、「物質的に豊かになりたい！」と思っていたよね。いい車に乗り、かっこいい服を着て、モテたいと。

そのために、夜遅くまで仕事をがんばっていたし、ときには休みも取らず、ただがむしゃらに働いていたよね。それももちろん素晴らしいことだし、ひとつの働き方だから、否定するつもりはないよ。

でも、キミは自宅が火事になって、すべてを失って、うつ病になって仕事が思うようにいかなくなって、「お金だけを追いかけること」に疲れてしまって疑問を抱いたよね？

そして、「給料は安くても安定している会社」がうらやましくなった。でも、やっぱり考えてみると、キミが目指したいのはそこじゃなかったよね。そして、こう思った。「僕がこれまで考えていたのは、稼ぐ金額のことばかりでした。僕は、どんな稼ぎ方がしたいんだろう？」と。

そうなんだよ！　それまでキミは、稼げる金額だけで仕事を決めていた。しかし、「自分がどんな『稼ぎ方』をしたいか？」という軸があって、それに合った、業界や職種を見つけると、自分が生きたい人生と重なりやすく、ミスマッチも少なくなる。

人生で大切な３つのポイント

さらに、「自分がどんな稼ぎ方をしたいか」を考えるうえで、３つのポイントがあるんだ。これは言い換えれば、人生をよりよいものにするために大事なものでもあって、「収入」「時間」「人間関係」の３つなんだ。どれが欠けても、面白みのない人生になってしまうと僕は思っているよ。

お金があって友達もたくさんいても、毎日忙しくて時間がなかったら……。

お金や時間があっても、友達がいなくてひとりぼっちだったら……。

時間もあって友達もたくさんいるのに、遊びに行くお金がなかったら……。

そんな人生はどうかな？　だから、「収入」「時間」「人間関係」のバランスを整えていくことが、人生が充実したものになるかどうかのひとつのバロメーターになるんじゃないかな。


これは、だれかの真似をしても、満足できる可能性は低いと思うんだ。だって、自分が何を優先するかは、自分にしかわからないからね。

収入が多いことに最も喜びを感じる人、何よりも友達との時間を大切にする人、3つ全部を満たされたい人もいるかもしれない。

「自分が3つのうち何を大事にするか？」をもとに仕事を選ぶと、自分の描いた人生に近づけると思うよ。そのうえで、好きな仕事をするというのがベストだよね。

でも、「好きな仕事がなんなのかわからない」という人もいる。そもそも、キミ自体が、「花」が好きで好きでたまらなくて花屋になったわけではなかったよね？　稼げそうだと感じて花屋をはじめた。しかし、その仕事を一生懸命になってやっていくと、仕事の面白さを発見していったよね。

さらに、その仕事が「楽しいかどうか」も仕事を続けていくひとつのバロメーターになる。たとえ今、楽しくないとしても、楽しいものに変えようとするか、楽しい部分を発見する工夫ができることも忘れないでほしい。

もし、嫌になったときには、逃げてしまうのもありだよ。すべては自分の人生だから、好きなようにやってみたらいい。

気づくのに遅いなんてことはない。人生は、何度でもやり直せることを、キミは遅かれ早かれ知るはずだ。理想の人生に向かって、思いきりやってみたらいいよ。

5 お金で解決できることも多いが、「劣等感」はお金で解決できない

僕が伝えたいことも、この項目で最後だ。

キミは学生のころから、お金持ちに憧れていたよね？　なぜ、あんなにも憧れていたんだろう？　ブランドものに包まれて、かっこいいスポーツカーに乗っている友達が、とてもうらやましかった。その気持ちはとてもよくわかるよ（だって、僕は過去のキミのその後だから）。

お金をたくさん手にすることで、うらやましいと思ったものを買い、それで満足感が得られると思っていたのかもしれない。

それは、言い換えると、自分自身がその彼らと比べて、それを持っていないから劣っていると思っていたんだと思う。より正確に言えば、勝手に彼らと比べて「劣って

いると思い込んでいた」にすぎないんだ。

だれかと比べて優れている。だれかと比べて劣っている。そうやって自分の人生の価値観を、他人との比較で見てしまうのは、もったいないと思わないかい？　それって、自分の人生の価値観を、他人を基準に決めているようなものなんじゃないかな。

とくにお金に関する劣等感というのは、いくらそれを満たすお金を手にしても消えないままなんだ。これは僕の経験から、身をもって感じていることだ。おそらくお金持ちであったとしても、上には上がいるからね。「もっともっと（お金を）」と、どこまでも他人と比較し続けてしまうことってあるんじゃないかな。

そんなふうに他人と比べながら生きるよりも、「自分が本当に望んでいる人生や未来とは何か」を、しっかりと見つけたほうが人生はもっと楽しいものになるよ。

お金では解決できないこと

たしかにお金があれば、お金で買えるほしいものは手に入る。お金は何か困っていることを解決するためにも、とても役に立つよね。だから、お金で解決できることはお金で解決してしまえばいい。

でも、キミは会社を経営してみて、薄々感じているんじゃないかな？　お金で解決できないことの多さを。果たして、辞めてしまった優秀な社員は、給料さえ増やしてあげれば、定年までキミの会社で働いてくれたと思うかい？

僕はそうは思わない。お金の問題が解決できても、それですべて解決するわけじゃない。キミもサラリーマン時代に感じていなかったかな。給料は増えたけれど、気に入らないことがたくさんあったことを。

たとえば、教材販売会社で「僕の稼ぎでみんなを養っている」と勘違いしていたことがあったよね。それって、キミはたくさんお金をもらって満足していても、自分よりも結果を出していない人を小馬鹿にするような気持ちがあったから、そんなふうに思ったんじゃないかな。

お金を手にしても、キミが自己中心的な考えで、ほかの人がどんなふうに働いているかも、さほど知らないで、人を見下すというのは大きな問題だよね。この問題って、お金で解決できるかな？　キミは経営者になってはじめて、事務や経理の人のありがたさがわかったはずだよね。

それに人間って不思議なもので、ひとつの問題がクリアできると、違う問題が気になり出して、それを解決したくなってくるんだ。

だから、お金持ちの人たちが、悩みごともなく、毎日ハッピーかと言えばそうでもないらしい。お金以外の問題で、日々悩んでいる人もとても多いんだよ。だから、お金をしっかり稼ぐことは当たり前として、お金では解決できない部分から目をそらさないでほしいんだ。

だから、最後によく考えてほしい。お金では解決できないことの重要性をね！

キミの未来に期待しているよ。最後まで読んでくれてありがとう！

メモの送り主からのノートを読み終えた僕は、パタンとノートを閉じました。学生時代のことから、豊丸自動車の販売会社時代、そして、教材販売会社の営業マンをやっていたときのこと、さらには独立して今に至るまでのことを思い返しました。

もはや、このノートをだれが書いたかなんて正直どうでもよくなっていました。読んでいて胸をグサグサとえぐられるようなことばかりでしたが、今の自分に足りていないことを、そのまま指摘してくれていたからです。

最初は、そんな自分がいたたまれなくなって、ノートをすぐにゴミ箱に捨てたくなりました。でも、捨てられませんでした。理由はなぜだかわかりませんでしたが、「気に食わないけれど大切な何か」を感じていました。

¥ タイム・アフター・タイム

数日後……。

終礼の時間ですが、社員は仕事で疲れているのか、かったるそうに僕の前に並んでいます。

「みんな。よく聞いてほしいんだ。まず、毎日忙しいなか、がんばってくれてありがとう」

社員たちは、僕から予想もしなかった言葉が出てきたのか、少し驚きながら聞いていました。そんな反応をよそに、僕は話を続けます。

「僕はみんなが、がんばってくれていることを評価して、給料を少しでも上げたいと思っている。でも、僕の力不足で、そこまでの利益は出ていない状態なんだ。今のような安売りを続けていると、今以上の利益を上げることは難しい

今日は、僕が終礼で「給料払ってんだから、もっと仕事しろよ！そういうのを給料泥棒って言うんだ！」と言った日です。そして翌日、スタッフ全員が出勤せずに、会社を辞めてしまうという事件が起きるという。いつものように、透明人間になれる懐中電灯で、会社の中に忍び込んで、終礼の様子を見守ることにしました

と思う。そこで、これから販売方法を少し変えていこうと思うんだ。徐々に値上げをして、利益の確保をしっかりとしていきたい。そして、評価できる人に対しては、それ相応の待遇をできるようにしたい。さらに、業務の効率化を図ることで、仕事の時間も短かくしたい」

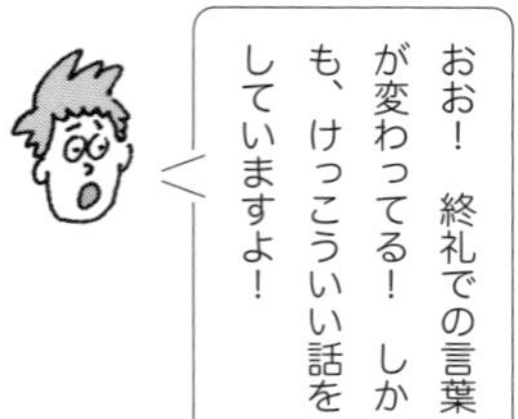
おお！　終礼での言葉が変わってる！　しかも、けっこういい話をしていますよ！

話を聞いている社員たちの顔つきが少し変わってきました。

「ただし、値上げをすれば、お客様がある程度入れ替わるまでは、売上はどんどん下がるだろう。早い話が業績は確実に、一時的だけど下がると思う。だから、しばらくは昇給することもできないし、不安な思いもさせてしまうと思うんだ」

社員たちはここまでは真剣に聞いていていたけれど、何を言い出すのかと、とまどいを隠せない様子でした。

「みんなに協力してほしいことがあるんだ。これまでは、できるだけ安くして、たくさん売れればいいと思っていた。でも、それでは儲からないのは、僕も含め、みんなもわかったと思う。何より、働いていても楽しくなかったはずだ。だから、値上げをしても、お客さんから『ありがとう』と言われるようなお店を目指したいと思っている。そのためには、これまで以上に、梱包の美しさや、ミスをゼロにすること、そしてお客様への対応を丁寧にしていくことにこだわってほしい。わずらわしいと感じるような業務も出てきてしまうかもしれない。ただ、これもみんなでしっかり稼げて、お客様にも喜ばれるような会社に変えていきたいからなんだ。もし、この考えに同意してくれるなら、一緒にがんばってほしい。僕からは以上です。これで、今日の終礼は終わりにします」

僕は、自分なりに覚悟を決めて話したつもりです。ただ、これまでのやり方と180度変わることはもちろん、社員にとっても目の前にニンジンがぶら下がっているような話ではないので、正直、心の中は不安でいっぱいでした。

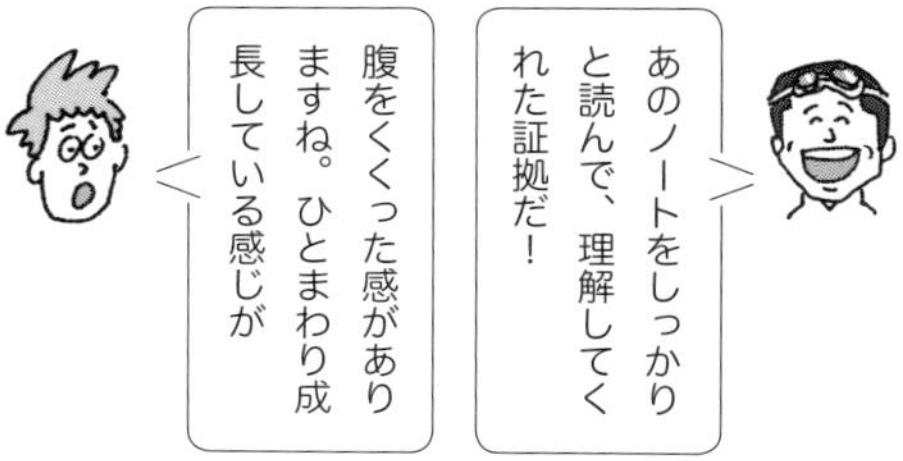
あのノートをしっかりと読んで、理解してくれた証拠だ！
腹をくくった感がありますね。ひとまわり成長している感じが

翌日、いつものように朝5時に起きて、商品である花を仕入れに市場へ行ったあと、その花を積み込み、10時ごろに会社に到着しました。

あれ？　なんか会社の中が暗いな？　まったく、電気もつけていないのか。会社に入る自動ドアの前に立っても、ドアが開きません。電源が入っていないみたいです。

「えっ、どうしたんだ？」

僕はドアに手をかけると、カギも開いていない。会社の中をのぞくと、真っ暗で、だれもいません。

この瞬間、何が起きているのかを僕は悟りました。従業員全員が、だれひとり来ていない。どうやら、昨日の僕の終礼の話を聞いて、口裏を合わせたかのように、全員で辞めたようです。

そう言えば、ノートに「キミの会社の社員はみんな辞めていなくなり、会社は倒産

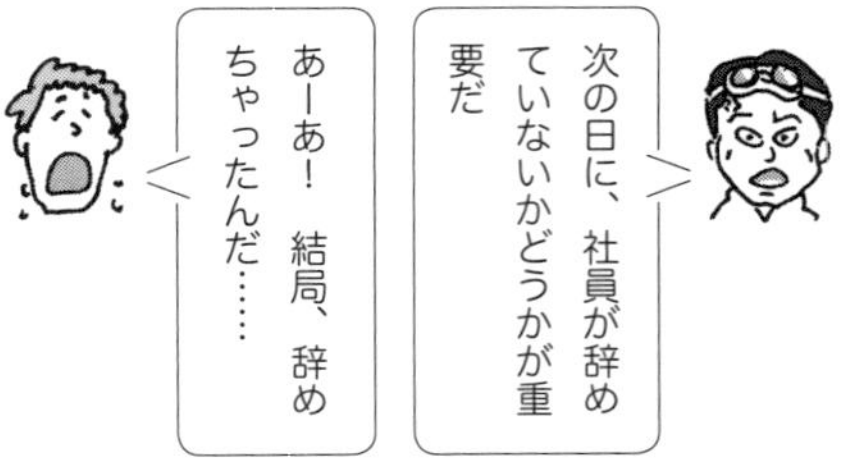
次の日に、社員が辞めていないかどうかが重要だ
あーあ！　結局、辞めちゃったんだ……

して、自己破産して、ついにはホームレスになってしまう」って書いてあったけど、そんな悪夢のはじまりが今まさに起きているのか？

そのとき、僕の背後から声が……。

社員Ａ「社長！　すみませーん！　カギを開けるのも電気をつけるのも忘れてました！　裏に行って、みんなで梱包用の箱の組み立てをやってたんですよ！　僕ら、社長の昨日の話を聞いて、あのあと、みんなで集まって話をしたんです。それで、社長の言葉を信じて、がんばってみようと思ったんです。僕らも、儲からなくて忙しいのは望んでいないですから。社長の言っている、新しいやり方でやってみようと」

社員からの予想外の言葉に、僕は感情が抑えきれず、従業員の前で涙があふれ出てしまいました。

「おぉ！　そうか！　そうか！　わかってくれてありがとう！　一緒にがんばろう！　ありがとう！　ありがとうな」

この様子を見て、未来から来た僕とドクは、ホッと胸をなで下ろしました。

「どうやら、歴史は変わったようだな」
「未来は変わり、一難を乗り越えることができましたね。でも、これからも、さまざまな困難はあると思います。そのたびに、壁を乗り越えて、新しい未来をつくっていくのが、人生の目的かもしれないです。理想の未来に向かって、変化し、成長し続けなくては……」

「おいっ！　まだ終わりではないぞ！　すべてがうまくいったような気になって、しみじみしている場合ではない！」

「えー？　だって歴史が変わったでしょ？　これですべてはうまくいったんじゃないの？」

「いや、まだだ。会社が倒産していないか、自己破産してホームレスになって

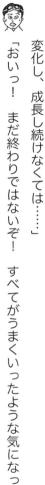

いないかをたしかめなければ！」

「あ！　そうだった！　それが本当の目的だった！」

「さ、ジロリアン号に乗って！　２０３０年に行くぞ！」

「は、はい！　わかりました」

ドクはラジコンのコントローラーのようなもののボタンをカチャカチャと押して、２０３０年9月13日にセット。

ジロリアン号はガコガコと音を立てながら、猛スピードで走りはじめました。まわりが急に真っ暗になったと思ったら、パッと明るくなって、タイヤをけたたましく鳴らしながら急ブレーキで止まりました。

「着いたぞ。あれを見ろ！　未来のキミだ！」

「うわっ！　髪の毛が真っ白。白髪《しらが》だけじゃなく、無精《ぶしょう》ヒゲ！　あれが僕なんですか!?」

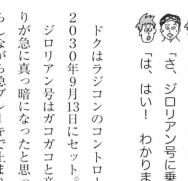

汚らしい格好でベンチに座ってボーっとしながら、タバコを吸っている1人の男。
どうやら、それが未来の僕のようです。

「うーわーーーー！　ホームレスになってるじゃないですか！　服だって、ヨレヨレのスウェットの上下だし……。終礼の言葉が変わって、従業員がみんな辞めてしまうという歴史は変わったけれど、結局、その後の歴史は変わらなかったのか……」

「うーむ、おかしい。もしかして、またキミはよからぬことを、しでかしたんじゃないだろうか。いずれにせよ、少し様子を見よう」

「あ！　やばい！　こっちに来る！」

「気づかれたらいかん！　もう少し離れて様子を見よう」

離れたところから様子を見ていると、未来の僕は、タバコを吸い終え、立ち上がると道路のほうへ歩きはじめました。
すると、パーキングメーターにお金を入れ、そこに停めてあった、薄汚れた軽トラックに乗り込み、走り出しました。

ジロリアン号であとをつけて行くと、大きな看板のあるお店に到着しました。そこには「ゲキハナ　感激安心のお花屋さん」と書いてあるではないですか！

「あーー！　ホームレスじゃなかったんだ。よかった！　しかも、看板から『激安』の文字がなくなってる！」

「未来は変わったようだな。私はちょっと中を見てくるよ」

「え！　大丈夫なんですか？」

「お客のフリをすれば問題ないだろう？　キミはここで待っていてくれ」

ドクはそう言い残してお店の中へ入って行きました。ドアを開けると「いらっしゃいませ〜！」という元気な声が、車の中にいる僕のところまで聞こえてきました。

しばらくして、ドクは花束を抱えて帰ってきました。

「とてもきれいだったんでな」

「えっ……。あ、ありがとうございます。なんか、間接的に僕のお店で買い物してくれて（笑）」

「この花束は、キミへのプレゼントだ。受け取ってくれ」

「え？　なんで僕に花束を？」

「未来はちゃんと変わっていた。安売りもやめて、しっかりとした店になっていたよ。お祝いだ！　さっ、受け取ってくれ！」

「あっ、ありがとうございます！」

ドクはニコニコしながら僕に花束を手渡し、僕も少し照れながらも花束を受け取りました。

「では、これからキミは、キミの本来いるべき時代に戻るぞ」

「そうでしたね。家に帰るまでが遠足ですからね」

僕とドクはジロリアン号に乗り込みました。

最初にドクと会った時代に戻り、僕とドクの長い旅もこれで一件落着です。

僕はドクとの別れを惜しみながらも、今回のタイムスリップで学んだ多くのことに、そして何よりも僕の人生を救ってくれたことに対して、ありったけの感謝の思いを伝えました。

僕は車を降り、花束を手に新たな一歩を踏み出そうとしたそのとき、花束から、折りたたまれた紙切れがポトリ。その紙切れを開くと、中には何か書かれています。

これから新しい未来をつくり上げるキミへ

未来が変わったからといって、油断してはいけないよ。今から、キミの人生の新しいスタートだ。

サボったり、人をだますような仕事ぶりだったり、遊び呆けていたりしたら、簡単に未来は崩れ去るんだ。

いわば、今回のタイムトラベルで過去を変え、未来が変わったのは、キミにとって、ひとつのチャンスが与えられたにすぎない。

これから、数字としっかり向き合い、人様のお役に立ち、「ありがとう」と言われるような人生を生きるんだ。健闘を祈るよ。

ドクより

読み終えて振り返ると、もうジロリアン号はいなくなっていました。

あとがき

古屋悟司

読者のみなさんは、この本のストーリーは「会社の数字」をわかりやすく理解するために、僕がいろいろと考えた「つくり話」だと思っているのではないでしょうか？

じつは、この本に出てくるほとんどは実話なんです。

結果を出しても給料が上がらないことを不満に思い、自動車販売会社の営業マンを1年で辞めてしまったのも。教材販売の会社でトップセールスとなったのちに、天狗になってしまったことも。また、実家が火事で燃えたことも。うつ病になって苦しんだことも。もちろん、花屋を開業したことも、すべて実話です。

僕はほんの少し前まで、「お金を稼ぐこと＝社会的に認められていること」と認識しながら生きていました。「収入」は、自分が評価される絶対的な指標だと思っていたんです。収入は指標のひとつにすぎないのに。「お金に強い」の反対は「お金に弱い」ですが、僕はまさにお金に弱く、お金に振り回されてばかりでした。

とりわけサラリーマン時代に「お金」を絶対的な価値だと強く思い、それを追い求めた結果、自分自身が「何者」にもなっていなかったと感じたのが、この本を書こうと思った大きなきっかけでした。

そんな「何者」でもない人間が独立して経営者になって、「お金以上に大切なこと」を知るには、まさに「身銭を切って学ぶ」しかありませんでした。借金を重ねて、幾度となく倒産の危機を体験しながら、たくさんの授業料を払って「お金以上に大切なこと」を学びました。

「お金以上に大切なこと」という科目にたくさんの授業料を払った経験からわかったことがあります。それは「理不尽なこと」や「嫌なこと」「ストレスを感じること」に学びを得るチャンスが潜《ひそ》んでいる、ということです。

「学び」となる機会は、ときに自分にとって「嫌なこと」として、目の前に現れてきます。最初は小さなサインなので、見逃してしまうことも多いんです。そう、本書に出てくる「メモ」のように、些細なことがほとんどです。

僕は、まさにこの本の主人公のように、ちょっとしたサインで気づかなかったので、しだいに「トラブル」という名で、よりわかりやすく目の前に現れてきました。

そんな「トラブル」にも、ぜひ、歯を食いしばって向き合ってみてほしいんです。もちろん、心を病むほどに向き合い続けてしまっては、元も子もありませんから、その点は加減をしながら……（さらに、トラブルの芽に目を背け、甘く楽なほうに流される性格は、そう簡単に変わるわけではないことも申し添えておきます）。

そうやって、さまざまな「トラブル」と向き合った結果わかったのが、お金以上に大切なのは、「どんな稼ぎ方をしたいか」「どんな働き方をしたいか」「どんな生き方をしたいか」ということです。読者のみなさんも、自分の進みたい道が見えると、自ずとやるべきこと、手にしたいことも見えてくるはずです。

この本を執筆するにあたり、ある映画の大きな影響を受けてオマージュしています。多くの方は気づいていると思いますが、『バック・トゥ・ザ・フューチャー』です。映画を観た当時、あんなふうに過去や未来を変えて、人生をやり直したいと何度思ったことか。

その後、僕は自分の人生で、さまざまな「トラブル」に見舞われたとき、「あの瞬間に戻って、違う決断や行動をしていたら、人生がどんなふうに変わっていたか」と何度後悔したことか。

そうして思うのは、人生はひとつひとつのちょっとした決断や、行動の積み重ねによって変わっていくのだということです。でも、だからといって、決断や行動することを恐れてもいけないと思っています。どんな結果になろうとも、それ自体に「学び」があり、自分自身を磨くための大事なきっかけだからです。

最後に、本書を書くにあたり、多大なるインスピレーションを僕に与えてくれた、スティーブン・スピルバーグさん、ロバート・ゼメキスさん、マイケル・J・フォックスさん、クリストファー・ロイドさんをはじめ、あの映画に携わった方々に、そして読者のあなたに心からの感謝を込めて。

監修&会計ドクター
田 中 靖 浩（たなか　やすひろ）
田中公認会計士事務所所長。1963年三重県四日市市出身。早稲田大学卒業後、外資系コンサルティング会社を経て現職。中小企業向け経営コンサルティング、経営・会計セミナー、講演、書籍の執筆、新聞・雑誌の連載などで活動中。著書に『値決めの心理作戦 儲かる一言、損する一言』『良い値決め 悪い値決め きちんと儲けるためのプライシング戦略』『米軍式　人を動かすマネジメント』(いずれも日本経済新聞出版社)、『数字は見るな!』(日本実業出版社)など多数ある。

古屋悟司（ふるや　さとし）

楽天市場で人気の花屋「ゲキハナ」を運営。1973年生まれ。1993年、大学卒業後、大手自動車メーカーの販売会社に就職。その後、がんばっても給料が上がらないことに不満を覚え、半年間の無職生活ののち、歩合制の教材販売会社に転職。一時は20代で年収700万円を稼ぐが、スランプに陥り、営業マンとしての生き方にも疑問を抱いて2004年に花屋を開業して独立。いきなり閑古鳥が鳴くようになり、背水の陣でネット販売に着手。売上はうなぎのぼりになったが、決算書を見てずっと赤字だったことに愕然とする。その後、会計を学んだことをきっかけに、倒産の危機を乗り越え、V字回復に成功。以降、黒字を継続中。自身の経験をもとにした「黒字会計.jp」のサイト運営や管理会計ソフトの販売を通じて、「黒字化のノウハウ」を紹介している。また、企業や地方公共団体、大学での講義などでも「儲かる会計」を教えている。著書に『「数字」が読めると本当に儲かるんですか?』（日本実業出版社）がある。

決算書《けっさんしょ》オンチのための「会社《かいしゃ》の数字《すうじ》」が肌感覚《はだかんかく》でわかる本《ほん》
「数字《すうじ》」が読《よ》めると年収《ねんしゅう》がアップするって本当《ほんとう》ですか?

2018年９月１日　初版発行

著　者　古屋悟司　©S.Furuya 2018
発行者　吉田啓二

発行所　株式会社日本実業出版社　東京都新宿区市谷本村町３−29 〒162-0845
大阪市北区西天満６−８−１ 〒530-0047
編集部　☎03-3268-5651
営業部　☎03-3268-5161　振　替　00170−1−25349
https://www.njg.co.jp/

印刷・製本／三晃印刷

この本の内容についてのお問合せは、書面かFAX（03−3268−0832）にてお願い致します。
落丁・乱丁本は、送料小社負担にて、お取り替え致します。

ISBN 978-4-534-05615-3　Printed in JAPAN